넘어야 할 산, 건너야 할 강

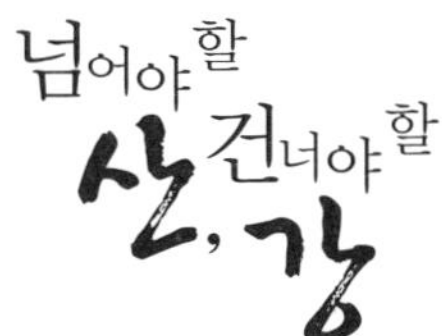

초판 인쇄 2012년   9월 24일
초판 발행 2012년   10월   1일

저 자 | 최영환
발행인 | 박찬익
교정·교열 | 장명익
디자인 | 이정숙
일러스트 | 김모아
발행처 | 정인출판사
주 소 | 서울특별시 동대문구 용두동 129-162
문 의 | 02)536-5891 팩 스 | 02)536-5893
제 작 | KM커뮤니케이션즈

ⓒ최영환, 2012

ISBN 978-89-94273-65-5 (03230)
값 12,000원

— 최영환 —

넘어야 할 산, 건너야 할 강

정인 출판사

영혼을 흔들어
깨우는 은혜

박위근 목사 (대한예수교장로회총회 총회장)

존경하는 최영환 목사님께서 설교집 "넘어야 할 산, 건너야 할 강"을 펴내셨습니다. 이 책에 수록된 설교는 최영환 목사님께서 주일마다 강단에서 선포하신 말씀들입니다. 설교를 소중하게 여겨야 하는 것은 '기록된 하나님의 말씀' 곧 성경을 오늘의 말씀으로 선포하는 것이기 때문입니다. 사람의 언어로 사람이 선포하는 것이기는 하지만 그것은 그 사람의 말이 아니라 그가 하나님의 말씀을 대언하는 것입니다. 그러므로 설교하는 사람은 물론, 듣는 사람도 그 말씀을 경청해야 하며, 믿고, 순종해야만 합니다.

최영환 목사님으로부터 하나님의 말씀을 듣고 신앙생활을 하시는 산성교회 성도들은 행복한 분들이십니다. 최 목사님은 말씀의 대언자로서 최선을 다하는 분이기 때문입니다. 주신 말씀을 붙들고 깊이 묵상할 뿐 아니라, 그 말씀의 참뜻을 깨닫기 위하여 모든 노력을 다하고, 자신이 선포한 말씀을 누구보다 먼저 순종하기 위하여 최선을 다

하는 분이기 때문입니다. 그러므로 산성교회 교우들께서는 귀한 목사님을 모시고 신앙생활을 하게 되었음을 하나님께 감사드리시기 바랍니다.

최영환 목사님은 산성교회를 목회하실 뿐 아니라, 노회나 총회를 섬기는 일에도 최선을 다하시는 지도자이십니다. 모든 일을 바르게 처리할 뿐 아니라, 책임감이 투철한 분이시기에 목사님과 함께 일하기를 원하는 사람들이 많습니다. 저는 최영환 목사님께서 목회자의 길을 걷기 전부터 목사님과 아는 사이였습니다. 목사님은 그때나 지금이나 한결 같은 분입니다. 그래서 저는 최영환 목사님을 존경하고 사랑합니다. 하나님께서는 최 목사님을 더욱 귀하게 쓰실 줄 믿습니다. 시대가 복잡하고 어지러울수록 이런 분이 반드시 필요하기 때문입니다.

모든 사람이 설교를 듣고 은혜를 받는 것은 아닙니다. 설교를 통하여 은혜를 받는 사람은, 듣고자 하는 마음으로 듣고 순종하는 사람입니다. 이와 마찬가지로 문자화된 설교는 그 말씀을 간절한 마음으로 읽을 때 은혜를 받습니다. 이 책을 읽는 분들께서는 하나님께서 그의 종 최영환 목사님을 통하여 무슨 말씀을 하셨는가를 깨닫고자 하는 마음으로 읽으시기 바랍니다. 그럼으로써 하나님께서 허락해 주시는 큰 은혜를 받으시기를 바랍니다. 최영환 목사님의 또 다른 설교집을 기다리면서, 이 책에 수록된 최 목사님의 설교가 많은 영혼을 흔들어 깨울 수 있기를 기대합니다. 감사합니다.

말씀을 묵상하고
공감하게 하는 주의 종

김정서 목사 (증경총회장, 제주 영락교회 담임목사)

내가 좋아하는 목사님 가운데 한 분이 산성교회의 최영환 목사님입니다. 총회의 일이든지 목회자들이 모이는 모임에서, 또는 자연스럽게 만나는 모임에서 가까워진 분입니다. 그리고 그분의 인격과 목회자로서의 식견이 나와 통하는 면이 많은 것을 느꼈습니다. 최 목사님은 신학적으로, 영적으로, 건강하고 풍성한 목회를 하시는 분입니다. 또한 치우침 없는 통전적인 목회로 교회를 교회되게 하는 목회자입니다. 교인들로 하여금 왜, 무엇을 위해, 어떻게 신앙생활을 해야 하는지를 참신하고 진지하게 제시하는 신실하고 충성스러운 하나님의 종이라고 나는 생각합니다. 특히 이번에 발간하는 목사님의 설교집을 통해서 목회자로서의 그분을 발견할 수 있습니다. 최 목사님의 글에는 우리 시대를 참신하고 충성스럽게 살아가도록 하는 안내가 있고, 권유가 있으며 눈뜨게 함이 있습니다. 잔잔한 호소력에도 충성이 느껴집니다. 결코 맹목적 강조나 허공을 치는 메아리가 아닙니다. 묵상하게 하고 공감하게 합니다.

목회자로서의 인품과 목회적인 삶은 그냥 만들어지는 것이 아니라고 생각합니다. 위로 하나님을 진실하고 뜨겁게 경외하는 신앙과 하나님의 말씀에 바르게 응답하려는 사명으로, 목양현장의 양들을 돌보고 지도하며 생명을 풍성하게 하려는 순수한 애정이 있어야 한다고 믿습니다. 어느 목회자이든지 이런 노력을 하겠지마는 그것이 말처럼 쉬운 것은 아닙니다. 이를 위해서는 균형 잡히고 바른 신학적 소양과 인격을 갖추는 목회자의 자기 노력이 무엇보다 필요합니다. 그리고 진정 하나님의 말씀인 성서의 메시지를 끊임없이 먼저 보고 들으면서 해석해 내어, 삶의 현장의 문제들 속으로 가져가 적용하고 실천하려는 의지가 변함없어야 할 것입니다. 최 목사님은 그렇게 하시는 목회자입니다. 그러므로 그분의 목회는 균형 있고, 풍성하며, 건강합니다. 그리고 항상 신선하고 기름지고 아름답습니다. 결코 경박하지 않고 빈곤하지 않습니다. 그래서 그분과 함께 있는 산성교회의 교우들은 늘 배부르고 기분 좋고 행복할 것입니다.

말씀과 함께
성장하는 산성교회

드디어 지난 몇 년 동안 기다려왔던 최영환 목사님의 설교집이 출간되었습니다. 무엇보다도 이 책을 출판하게 하신 하나님께 감사를 드리며 영광을 드립니다.

우리 산성교회는 1953년 11월 8일에 창립하여 반세기가 넘는 역사를 지니고 있습니다. 최영환 목사님께서는 1999년 11월 7일 제 12대 담임목사로 위임 받아 부임하셨습니다. 그리고 산성교회를 반석 위에 든든한 교회로 세우는 큰 역할을 감당하셨습니다. 하나님께서는 목사님을 통해 온 성도들이 마음을 합쳐 새 성전을 건축하게도 하셨습니다. 목사님은 산성교회의 비전으로 '한 성도를 품는 교회', '다음 세대를 품는 교회', '세계 열방을 품는 교회'를 선포하시고 지역 사회와 세계 열방을 위해서 구원 사역에 최선을 다하고 계십니다.

무엇보다도 말씀 중심의 목회를 해 오신 목사님께서, 은혜롭고 성령 충만한 주옥같은 말씀을 모아 책으로 출간하셨습니다. 이 책은 광야 같은 세상 속에서 지치고 상한 영혼들의 갈증을 치유하는 오아시스와 같은 말씀들을 담고 있습니다. 그래서 그 말씀들은 마른 막대기와 같은 인생에게 생명을 잉태하게 하는 능력의 은혜가 될 것입니다. 또한 우리의 잃어버린 꿈을 찾게 하고, 인생의 참된 목표와 가치를 발견할 수 있게 해 줄 것입니다. "하나님의 말씀은 살아 있고 운동력이 있어 좌우에 날선 어떤 검보다도 예리하여 혼과 영과 관절과 골수를 찔러 쪼개기까지 하며 또 마음의 생각과 뜻을 감찰하시나니"(히4:12)라는 말씀처럼, 이 책의 말씀들이 우리의 죄악된 모습과 잘못된 생각과 습관까지도 고치고 회복하는 능력의 은혜로 함께 할 것을 믿습니다.

아울러 이 책에 실린 말씀들은 "우리의 연수가 칠십이요 강건하면 팔십이라도 그 연수의 자랑은 수고와 슬픔뿐이요 신속히 가니 우리가 날아가나이다"(시90:10)라는 모세의 고백처럼 고통으로 점철된 우리의 인생에서 마주치는 다양한 문제들을 하나님께서 주신 답으로 해결하는 은혜를 경험하게 해 줍니다. 우리의 인생에서 겪는 사업의 문제, 자녀의 문제, 이웃과의 관계 문제, 탐욕스런 죄악의 문제, 그리고 그리스도인의 참된 믿음 등에 대해 그 해결의 길과 방법을 분명하게 제시해 주고 있습니다.

이 책의 말씀들은 모든 사람들이 각자 처해 있는 삶의 문제들에서 놓임 받고 해방되어 하나님께서 원하시는 아름답고 행복한 삶으로 바뀌도록 하는 밑거름이 되기에 충분하다고 확신합니다. 모쪼록 이 책을 읽는 모든 독자들이 이 땅에서 하나님 나라를 체험하여 말씀 충만, 은혜 충만, 믿음 충만, 사랑 충만한 삶의 주인공이 되시기를 기원합니다.

산성교회 당회원 일동

주님의 꿈을
이루기 위하여

주님의 꿈이 하늘에서 이루어진 것 같이 이 땅에서도 이루어질 것을 믿습니다. 하나님의 말씀이 내 안에서도 이루어지는 것, 이것도 주님의 꿈입니다. 이러한 주님의 꿈을 이루어 드리려 산성교회는 육십 성상을 기도하며 달려왔습니다.

60년을 지나오는 동안 넘어야 할 산도 많았고, 건너야 할 강도 많았습니다. 그때마다 하나님의 말씀이 힘이 되어 잘 헤쳐 나올 수 있었습니다. 어쩌면 우리 앞에는 더 높은 산과 더 깊은 강이 기다리고 있을지도 모릅니다. 역시 그 산과 강들도 오로지 하나님의 말씀을 붙잡고 지나가야 할 줄 믿습니다.

이번에 저의 주일 설교를 모아 책을 펴내게 되었습니다.

여러 가지로 부족하지만 누가 뭐래도 하나님의 말씀이라는 그 능력만 믿고 결단한 일입니다. 그리고 이는 매 주일 예배 때마다 기도실에서 부족한 종을 위해 열심히 기도해 주신 우리 권사님들과 153 기도로 목회를 도와주신 산성가족들의 중보가 있었기 때문에 가능한 일이었습니다.

　모쪼록 이 책에 담긴 하나님의 말씀이 우리의 영혼을 건강하게 하고, 높은 산, 깊은 강을 쉽게 넘고, 건너게 해 주심으로써 아주 조금이라도 주님의 꿈을 이루어 드리는 일에 쓰여 진다면 제게는 더 없이 큰 영광이겠습니다.

　끝으로 책 내는 일을 맡아 헌신해 주신 김기한, 김은경 집사님께 감사드리며 주님 은총이 함께 하시길 기도합니다.

산성교회 창립 60주년을 앞두고
최 영 환

: 차 례 :

믿는 자의 삶

넘 · 어 · 야 · 할 · 산

2

믿는 자의 사명

3

믿음의 사람

My beloved is like a gazelle or
Look! There he sta
gazing through the windows,
peering through the lattice.

My beloved spoke and said to me,
"Arise, my darling,
my beautiful one, come with me."

ng stag,
ehind our wall,
제자훈련 수료식
세례식
임원수련회
www.llcafe.org
See! The winter is past;
the rains are over and gone.
지역장, 구역장 수련회
특강 3
견고한 진을 파하라
평양 방문

1.

믿는 자의 삶

믿음으로 사는 삶

말씀대로 사는 삶

기도로 사는 삶

감사하며 사는 삶

순종하며 사는 삶

성령 충만하여 사는 삶

믿는 자가 되라

예수님께서 부활하신 첫날 저녁의 일입니다. 예수님의 부활을 전혀 알지 못했던 제자들은 함께 모여 있었지만 걱정과 두려움에 떨고 있었습니다. 생명의 위협을 느꼈기 때문입니다. 제자들은 다음 차례가 자신들이라 생각하고는 유대인들이 무서워 모인 곳의 문들을 모두 닫았습니다. 문 닫힌 방안의 제자들은 꿈과 희망을 잃어버린 채 회복할 수 없는 절망감에 사로잡혀 있었습니다.

바로 그때 예수님께서 찾아오셔서 그들 가운데 서서 말씀하셨습니다. "너희에게 평강이 있을지어다"(21) 그러나 겁에 질려 있던 제자들은 예수님을 알아보지 못했습니다. 믿음이 연약했던 그들은 예수님의 손과 옆구리를 보고 나서야 예수님의 부활을 믿고 기뻐했습니다. 걱정, 두려움, 절망, 패배감에 휩싸여 있었던 제자들의 마음이 비로소 기쁨, 소망, 승리감으로 충만해졌습니다.

예수님께서는 이와 같이 연약한 제자들로 하여금 부활의 증인으로서 세상을 향해 나아갈 것을 명령하시면서 성령님도 선물로 주셨습니다. 이제 제자들은 성령의 능력을 가진 예수님의 참 제자로 세상 가운데 파송된 것입니다.

　　우리도 제자들처럼 걱정과 두려움에 가득 차서 마음의 문을 닫고 살 때가 있습니다. 하나님께서 나를 버린 것 같고, 사방이 적에게 둘러싸인 것 같은 느낌이 들어서 모든 문을 닫아 버릴 때가 있습니다. 그러나 기쁨도 없고, 소망도 없이 고독과 절망감으로 가득차 있는 바로 그때 하나님은 우리의 닫힌 문을 그냥 놔두지 않으십니다. 제자들을 찾아가셨던 것처럼, 문이 닫힌 곳에 나타나셔서 우리를 만나 주시고, 우리와 함께 하심으로써 우리에게 새로운 힘과 용기를 주십니다. 이제 하나님의 은혜에 힘입어 우리는 닫힌 문을 열고 세상을 향해 다시 나아갈 수 있습니다. 우리가 열고 닫는 문은 더 이상 세상의 문이 아닙니다. 참 기쁨과 평강, 믿음과 소망이 넘쳐나는 하늘 문입니다.

　　항상 우리를 그 문으로 인도하시는 주님을 믿음으로 고백하고, 부활의 참 기쁨과 소망, 평화를 누리시는 여러분들이 되시기를 기도합니다.

19 이 날 곧 안식 후 첫날 저녁 때에 제자들이 유대인들을 두려워하여 모인 곳의 문들을 닫았더니 예수께서 오사 가운데 서서 이르시되 너희에게 평강이 있을지어다 20 이 말씀을 하시고 손과 옆구리를 보이시니 제자들이 주를 보고 기뻐하더라 21 예수께서 또 이르시되 너희에게 평강이 있을지어다 아버지께서 나를 보내신 것 같이 나도 너희를 보내노라 22 이 말씀을 하시고 그들을 향하사 숨을 내쉬며 이르시되 성령을 받으라 23 너희가 누구의 죄든지 사하면 사하여질 것이요 누구의 죄든지 그대로 두면 그대로 있으리라 하시니라

(요 20:19~23)

기쁨 가득찬 믿음

이사야는 이스라엘 백성들의 죄에 대한 심판과 구원의 메시지를 전하던 선지자였습니다. 이스라엘 백성들의 삶은 그들의 죄로 인해 메마른 사막이나 황량한 광야와도 같았습니다. 힘들고, 지치고, 한숨밖에 남아 있지 않고 기뻐할 만한 아무런 이유나 조건도 없었습니다. 그런데 이러한 상황에서 이사야는 만유의 회복에 대한 하나님의 말씀을 전하고 있습니다.

하나님께서는 이스라엘을 회복시키는 분이십니다. 하나님께서는 이스라엘 백성의 조상들을 인도하셨고, 출애굽의 역사를 일으켜서 사막을 건너게 하셨습니다. 이스라엘 백성들은 하나님께서 그들의 고통을 아시고 불쌍히 여기시는 분이심을 잘 알고 있었습니다. 그들은 사람의 생각을 뛰어넘는 하나님의 인도하심과 영광을 충분히 경험했기 때문에 절망 속에 머물러 있지 않고 기뻐할 수 있었습니다.

믿음은 기뻐하는 것입니다. 기쁨은 믿음의 반응이며 신앙적인 사고방식입니다. 믿음의 사람은 기뻐할 만한 일이 없다고 한탄하며 주저앉아 있지 않습니다. 믿음의 사람은 먼저 기뻐하며 하나님께서 펼쳐 보이실 비전을 바라보는 사람입니다. 그렇기 때문에 비록 현실에서는 기뻐할만한 상황이 아니라 절망하고 괴로워할 수밖에 없는 환경일지라도 기뻐할 수 있는 것입니다.

우리도 세상을 살아가면서 어렵고 힘들 때가 있습니다. 못살겠다고 하나님께 원망과 불평을 늘어놓거나, 좌절과 탄식 가운데 빠져 있기도 합니다. 이럴 때 하나님께서는 우리에게 기뻐하라고 말씀하십니다. 기뻐하기로 결단하고 하나님께 나아가시기를 바랍니다. 하나님께서는 우리가 상상하지 못할 은혜와 복을 예비해 놓으시고, 고난의 현장 속에서 우리가 기쁨을 잃지 않도록 도우실 것입니다.

> 1 광야와 메마른 땅이 기뻐하며 사막이 백합화 같이 피어 즐거워하며 2 무성하게 피어 기쁜 노래로 즐거워하며 레바논의 영광과 갈멜과 사론의 아름다움을 얻을 것이라 그것들이 여호와의 영광 곧 우리 하나님의 아름다움을 보리로다
>
> (사 35:1~2)

믿음의 시련

초대교회 성도들은 신앙생활을 하는 데 많은 어려움이 있었습니다. 예수를 믿기 위해서 자신의 생명을 걸어야 했고, 온갖 시험이나 환난과 맞서 싸워야만 했습니다. 이러한 어려움에 처해 있는 성도들에게 야고보 사도는 "시험을 당하거든 온전히 기뻐하라"(2)고 야고보서를 통해 말씀하고 있습니다. 시험을 좋아하는 사람은 없습니다. 게다가 시험을 맞이하면서 기뻐할 사람은 더더욱 찾기 힘듭니다. 우리는 시험을 만나게 될 때 걱정과 염려가 앞서기 마련이고, 닥쳐올 일들에 대해서 두려워합니다. 그런데도 불구하고 야고보 사도는 왜 우리에게 시험을 당하거든 기뻐하라고 말씀하고 있을까요?

야고보 사도는 믿음의 시련이 인내를 만들어 낸다고 말씀합니다. 그리고 인내를 통해서 우리가 온전하고 성숙한 사람이 될 것이기 때문에 기뻐하라고 말씀합니다. 여러 가지 시험을 통해서 우리의 믿음이 도전을 받게 됩니다. 때로는 시련과 환난 속에서 우리의 믿음이 흔들릴 수도 있지만, 이 위기를 잘 참고 이겨 나가면 인내를 배우게 될 것이고, 그 과정에서 우리가 온전한 사람, 완전한 사람이 된다는 것입니다. 하나님께서 우리에게 시험을 주시는 이유는 우리로 하여금 온전하고, 완전한 사람이 되게 하기 위함임을 반드시 기억해야 합니다.

만약 여러분들이 여러 가지 환난과 시험 가운데에 있다면 기뻐하십시오. 하나님께서는 여러분에게 닥쳐오는 모든 시험들과 맞서 싸워 이기게 할 것입니다. 참 믿음을 가지고 흔들리지 말고, 인내심을 가지고 싸워나가십시오. 여러분의 믿음은 마중물과 같습니다. 믿음으로 나갈 때에 그것이 마중물이 되어 기쁨의 생수가 콸콸 흘러나오게 할 것입니다. 그리고 시험이 끝난 뒤에 우리는 온전한 사람, 성숙한 사람으로 변화되어 있을 것입니다.

> 2 내 형제들아 너희가 여러 가지 시험을 만나거든 온전히 기쁘게 여기라 3 이는 너희 믿음의 시련이 인내를 만들어 내는 줄 너희가 앎이라
>
> (약 1:2~3)

오직 믿음으로

야고보 사도는 초대교회 성도들을 향해서 시험을 당할 때 누구든지 지혜가 부족하거든 후히 주시고 꾸짖지 아니하시는 하나님께 구하라고 말씀합니다. 하나님께 구하라는 것은 하나님께 기도하라는 것입니다. 초대교회 성도들에게는 그들에게 닥친 엄청난 고난과 핍박을 이겨 내고, 두려움과 절망을 극복해 낼 수 있는 하나님의 지혜가 필요했습니다. 야고보 사도는 그 지혜를 얻기 위해서 간절히 기도하라고 말씀하였습니다. 믿음으로 의심하지 않고 간절히 구하면 하나님께서 응답해 주신다는 사실도 가르쳐 주었습니다. 초대교회 성도들은 믿음의 기도를 통해서 자신들의 고난이 거기서 끝이 아니며, 지금 당하는 고난이 장차 받을 영광과 비교할 수 없다는 사실을 깨닫게 되었습니다. 결국 그들은 시험과 환난을 통해서 믿음의 증인이 되었고, 축복의 주인공이 되었습니다.

오늘을 살아가고 있는 우리의 삶 역시 해결할 수 없는 문제들로 가득 차 있고, 이 문제들은 때때로 우리의 믿음에 시련을 줍니다. 여러분은 믿음에 시련이 닥칠 때 어떻게 반응하십니까?

우리는 먼저 우리의 문제를 해결해 주실 분은 오직 하나님밖에 없다는 사실을 인정해야 합니다. 왜냐하면 하나님께서는 전지전능하시며, 만물의 주관자 되시며, 복의 근원이 되시기 때문입니다. 삶의 문제로, 믿음에 대한 시련으로 위기가 올 때 의심하지 않고, 두 마음을 품지 않고 하나님께 간절히 기도하시기를 바랍니다. 하나님께서는 우리의 기도를 들어 주시고 응답해 주실 것입니다.

때로 우리는 기도하기보다는 걱정과 염려에 더 많은 시간을 보내기도 합니다. 그리고 무엇보다도 하나님의 약속을 믿지 못하고 의심합니다. 야고보서를 통해 들려주시는 하나님의 음성은 의심하지 말고, 걱정하지 말고, 염려하지 말고 믿음으로 기도하라는 것입니다. 우리가 당한 어떠한 처지나 상황에도 흔들리지 말고, 오직 믿음으로 간절히 구하십시오. 어느덧 여러분은 믿음의 시련에 맞서 싸워 당당히 승리하는 믿음의 증인이 되어 있을 것입니다.

> 5 너희 중에 누구든지 지혜가 부족하거든 모든 사람에게 후히 주시고 꾸짖지 아니하시는 하나님께 구하라 그리하면 주시리라 6 오직 믿음으로 구하고 조금도 의심하지 말라 의심하는 자는 마치 바람에 밀려 요동하는 바다 물결 같으니 7 이런 사람은 무엇이든지 주께 얻기를 생각하지 말라 8 두 마음을 품어 모든 일에 정함이 없는 자로다
>
> (약 1:5~8)

해답을 얻는 삶

무한 경쟁의 삶에서 살아남기 위해 세상 사람들은 힘을 중시합니다. 그 힘에는 육체적인 의미의 힘인 체력을 포함해서 재력, 권력, 지력, 심력 등이 있는데 이러한 힘을 가져야 인생의 어려움도 이겨 낼 수 있고, 꿈과 희망도 이룰 수 있기에 많은 사람들이 힘을 기르고, 그 힘을 소유하기 위해 애를 씁니다. 그러나 우리는 가진 힘 이상의 어려움을 만나 당황하거나, 포기하거나, 넘어질 때가 있습니다. 이러한 극한 상황에 처했을 때 그것을 이겨 낼 수 있는 힘이 필요한데 그것이 바로 영력입니다. 영력이란 전능하신 하나님을 의지하는 믿음의 힘을 말합니다. 성경에 나오는 많은 믿음의 사람들은 이 믿음의 힘이 얼마나 크고 놀라운지 성경의 사건들을 통해서 잘 증명해 주고 있습니다.

신약 성경에 보면, 야이로의 딸이 죽을병에 걸려 죽었다가 살아나는 기적의 사건이 기록되어 있습니다. 야이로는 회당장이었습니다. 회당장은 권력, 재력, 지력을 가진 사람으로서 객관적으로 볼 때 큰 힘을 가진 사람이었습니다. 그러나 열두 살 된 어린 딸이 병에 걸려 죽게 되었을 때 그가 가진 큰 힘은 아무 소용이 없었습니다. 야이로는 딸의

병을 고치고자 예수님께 나아와 무릎을 꿇었습니다. 회당장의 지위를 가진 사람이 예수님 앞에서 무릎을 꿇는 행동은 회당장의 지위를 박탈당할 수도, 유대교에서 쫓겨날 수도 있는 위험한 행동이었습니다. 그럼에도 불구하고 야이로는 예수님 앞에 겸손하게 무릎을 꿇고 그 딸을 위해 손을 얹고 기도해 주시기를 간곡히 부탁하였습니다. 그의 간곡한 부탁에 예수님의 마음이 움직였고, 예수님은 제자들과 함께 야이로의 집으로 향하였습니다. 길을 가던 도중에 야이로의 종들이 그 딸의 사망 소식을 알렸지만, 예수님은 두려워하지 말고 믿기만 하라고 말씀하시며 야이로의 집으로 계속 가셨습니다. 야이로의 집에 도착한 예수님께서는 누워있는 소녀의 손을 잡고 "달리다굼"이라고 말씀하셨습니다. 그 말은 '소녀야 일어나라'는 뜻이었습니다. 예수님의 말씀이 떨어지자 죽었던 소녀가 일어났고, 사람들은 크게 놀랐습니다. 예수님의 말씀은 이처럼 강력하게 역사하십니다. 믿음을 가지고 말씀을 긍정하면 말씀하신 대로 모든 것이 다 성취가 됩니다.

우리 삶의 많은 문제들이 우리 앞을 가로막고, 우리를 절망의 나락으로 떨어뜨릴 때, 우리는 아무것도 할 수 없음을 느끼게 됩니다. 바로 그때 야이로가 예수님 앞에 무릎 꿇었던 것처럼, 우리도 주님 앞에 무릎을 꿇어야 합니다. 어떠한 문제를 만나든지 예수님만 바라보고, 예수님과 함께하면 그 문제가 해결됩니다. 하나님을 원망하고, 그대로 이루어지지 않는다고 기도를 포기한 사람, 캄캄한 인생의 길에 지치고 곤하여 주저앉은 사람, 영적으로 잠들어 있는 사람, 주님께서 그 사람들에게 찾아오셔서 말씀하십니다. "달리다굼! 사랑하는 딸아, 사랑하는 아들아 일어나라!" 그 음성을 듣고 절망 속에서도 끝까지 포기하지 않는 믿음의 사람들이 되시기를 바랍니다. 어떤 환경 속에서도 모든 것이 합력하여 선을 이루게 하시는 하나님 앞에 모든 것을 맡기고, 믿음으로 일어나 미래를 향해 달려가는 모두가 되시기 바랍니다.

21 예수께서 배를 타시고 다시 맞은편으로 건너가시니 큰 무리가 그에게로 모이거늘 이에 바닷가에 계시더니 22 회당장 중의 하나인 야이로라 하는 이가 와서 예수를 보고 발 아래 엎드리어 23 간곡히 구하여 이르되 내 어린 딸이 죽게 되었사오니 오셔서 그 위에 손을 얹으사 그로 구원을 받아 살게 하소서 하거늘 24 이에 그와 함께 가실새 큰 무리가 따라가며 에워싸 밀더라

(막 5:21~24)

믿음의 눈으로 보라

애굽을 탈출한 이스라엘 백성들이 바란 광야에 도착했을 때, 모세는 각 지파에서 1명씩을 뽑아서 총 12명이 가나안 땅을 정탐하도록 했습니다. 정탐꾼의 임무는 40일 동안 가나안의 땅, 농작물, 환경, 성벽, 요새, 병력 등을 탐지하는 일이었습니다. 정탐꾼들 중 열 명은 그 땅에 사는 아낙 자손들과 비교하면 자신들은 메뚜기와 같기 때문에 결코 그 땅에 들어갈 수 없다는 부정적인 보고를 했습니다. 그들의 보고를 들은 이스라엘 백성들은 크게 동요했고, 모세와 하나님을 원망했습니다. 하지만 여호수아와 갈렙은 하나님의 약속의 말씀을 믿었기에 믿음의 눈으로 가나안 땅을 바라보았고, 그 땅으로 인도해 주실 것이라고 말했습니다.

이 사건으로 인해 하나님께서는 크게 진노하셔서 벌을 내리셨습니다. 불신앙의 보고를 한 열 명은 재앙으로 죽게 되었고, 20세 이상 계수된 자는 가나안에 들어가지 못한 채, 정탐한 날 수인 40일의 하루를 1년씩 계산하여 무려 40년 동안을 광야에서 방황하게 되었습니다. 열 명의 정탐꾼과 여호수아, 갈렙의 결정적인 차이는 무엇일까요? 그것은 바로 긍정적인 믿음입니다. 긍정적인 믿음을 가져야 하나님의 역사를 경험할 수 있고, 하나님의 인도함을 받을 수 있습니다.

그렇다면 긍정적인 믿음은 구체적으로 무엇을 말하는 것일까요?

첫째, 긍정적인 믿음은 하나님의 능력만 바라보는 것입니다.

열 명의 정탐꾼은 불신앙의 보고를 했습니다. 가나안을 젖과 꿀이 흐르는 땅으로 인정은 했지만, 그 땅의 거민인 아낙 자손이 두려워서 하나님께서 주신 땅으로 생각하지 않았습니다. 하나님의 능력보다 아낙 자손의 능력 즉 인간의 능력을 더 크게 보았습니다. 긍정적인 믿음을 가진 사람은 인간의 능력이 아닌 하나님의 능력을 의지하고 바라보는 사람입니다. 긍정적인 믿음을 가진 사람은 우리는 아무것도 할 수 없지만, 하나님께서 원하시면 무엇이든 할 수 있다는 것을 깨달은 사람입니다.

둘째, 긍정적인 믿음은 하나님의 약속대로 말하는 것입니다.

여호수아와 갈렙은 하나님의 약속을 믿었고, 그 약속대로 이루어 주실 것을 믿었습니다. 그리고 그것을 백성들에게 말했습니다. "그 땅 백성을 두려워하지 말라 그들은 우리의 먹이라 그들의 보호자는 그들에게서 떠났고 여호와는 우리와 함께 하시느니라"(9)

셋째, 긍정적인 믿음은 하나님의 약속만 믿고 담대하게 행하는 것입니다. 긍정적인 믿음을 가진 사람은 말로만 크게 소리치는 사람이 아닙니다. 약속을 믿고 그것을 실천으로 옮기는 사람입니다. 여호수아와 갈렙의 생애가 그것을 증명합니다. 여호수아는 아말렉 전투의 선봉장이었고, 모세의 후계자로서 하나님의 명령에 따라 가나안 정복에 앞장섰습니다. 또한 갈렙은 85세의 나이에 하나님께서 약속하신 땅을 찾기 위해서 적진에 나아가 싸웠습니다.

여러분의 인생길에서도 여호수아와 갈렙처럼 긍정적인 믿음을 가지고 살아가시기 바랍니다. 어떤 환경과 조건 가운데에서도 하나님의 능력만을 바라보고, 하나님의 약속대로 말하고, 담대하게 실천한다면 결국엔 승리하게 될 것입니다.

> 4 이에 서로 말하되 우리가 한 지휘관을 세우고 애굽으로 돌아가자 하매 5 모세와 아론이 이스라엘 자손의 온 회중 앞에서 엎드린지라 6 그 땅을 정탐한 자 중 눈의 아들 여호수아와 여분네의 아들 갈렙이 자기들의 옷을 찢고 7 이스라엘 자손의 온 회중에게 말하여 이르되 우리가 두루 다니며 정탐한 땅은 심히 아름다운 땅이라 8 여호와께서 우리를 기뻐하시면 우리를 그 땅으로 인도하여 들이시고 그 땅을 우리에게 주시리라 이는 과연 젖과 꿀이 흐르는 땅이니라 9 다만 여호와를 거역하지는 말라 또 그 땅 백성을 두려워하지 말라 그들은 우리의 먹이라 그들의 보호자는 그들에게서 떠났고 여호와는 우리와 함께 하시느니라 그들을 두려워하지 말라 하나 10 온 회중이 그들을 돌로 치려 하는데 그 때에 여호와의 영광이 회막에서 이스라엘 모든 자손에게 나타나시니라
>
> (민 14:4~10)

신앙은 현재입니다

사람은 누구나 과거를 가지고 있습니다. 어떤 사람에게 과거는 묻지 말아야 할 수치일 수도 있지만, 또 어떤 사람에게는 물어 주기를 바라는 영광일 수도 있습니다. 그러나 좋건 나쁘건 과거는 과거일 뿐입니다. 많은 사람들이 과거에 사로잡혀서 새로운 변화와 출발을 주저하지만, 과거로부터 자유롭지 못할 때 현재는 결코 행복할 수 없습니다. 중요한 것은 과거가 아니라 현재이기 때문입니다.

신앙생활도 마찬가지입니다. 하나님께서는 과거에 네가 어떻게 했느냐를 물어보지 않으십니다. 이렇게 물어보십니다. "지금 너의 신앙이 어디에 있느냐?" 과거의 신앙이 아니라 현재의 신앙이 중요하다는 것입니다. 성경에 보면 과거에 성공했지만 현재에 실패한 사람들이 있습니다. 사울 왕이나 가룟 유다 같은 사람들입니다. 반대로 다윗이나 베드로는 실패를 경험했지만, 실패에 머무르지 않고 이를 극복하여 하나님과의 관계를 극적으로 회복했습니다. 신앙의 현재를 놓치지 않았기 때문입니다. 오늘 본문에 나오는 요셉도 아픈 과거를 경험했지만, 과거에 붙잡혀 있지 않았습니다. 신앙의 현재를 유지하고 있었기 때문에 그의 신분이나 위치에 관계없이 하나님과의 관계를 놓치지 않았고, 결국 애굽의 국무총리 자리에까지 오르게 되었습니다. 또한 요셉은 자신들이 과거에 행한 잘못으로 인해 두려움에 떨고 있는 요셉의 형들을 진정으로 용서하게 되었습니다. 이처럼 신앙의 현재성을 가진다는 것은 매우 중요합니다. 신앙의 현재를 소유해야 건강하고 행복한 신앙생활을 할 수 있습니다.

신앙의 현재를 소유하기 위해서 우리는 어떻게 해야 할까요?

첫째, 열정을 회복해야 합니다. 열정이 활활 타올라야 인생도, 신앙도 성공할 수 있습니다. 이것이 식으면 우리 인생에 갖가지 문제가 생깁니다. 여러분의 열정을 회복하십시오. 하나님께 대한 열정, 사명에 대한 열정, 일에 대한 열정을 회복할 수 있기를 바랍니다. 자신이 없는 분들은 예수 그리스도께 구하십시오. 예수님께서 여러분의 열정을 회복시켜 주실 것입니다.

둘째, 지속적인 변화를 해야 합니다. 사람은 자신이 경험한 것, 편한 것, 익숙한 것에 머물러 있으려고 합니다. 이때 변화하지 않으면 과거로 돌아가게 됩니다. 신앙의 현재성을 유지하기 위해서는 매 순간 치열하게 자신을 변화시키려고 노력해야 합니다. 맥스 루케이도는 이런 말을 했습니다. "하나님은 당신을 있는 그대로 사랑하십니다. 그러나 그대로 두시지는 않습니다. 당신이 변화되기를 원하십니다." 한꺼번에 다 변할 수는 없더라도 매일 조금씩 변화해 간다면 우리의 모습은 하나님이 원하시는 모습으로 달라질 것입니다.

셋째, 은혜의 각성이 있어야 합니다. 우리는 매 순간 하나님의 은혜를 깨닫고 사는 사람이 되어야 합니다. 하나님의 은혜를 망각하고, 내가 잘 해서 이렇게 되었다고 생각하는 사람은 신앙에 실패할 수밖에 없습니다. 모든 것을 다 하나님의 은혜라 생각하고, 하나님 앞에 모든 것을 내려놓고, 겸손해질 때 우리는 비로소 인생의 마지막까지 하나님의 은혜 가운데 살 수 있습니다.

신앙은 현재입니다. 처음 예수 믿는 마음으로, 처음 예수 그리스도를 구주로 고백한 그 감격으로 현재를 살아갈 때 주님과 함께 참 행복을 경험하게 될 것입니다.

15 요셉의 형제들이 그들의 아버지가 죽었음을 보고 말하되 요셉이 혹시 우리를 미워하여 우리가 그에게 행한 모든 악을 다 갚지나 아니할까 하고 16 요셉에게 말을 전하여 이르되 당신의 아버지가 돌아가시기 전에 명령하여 이르시기를 17 너희는 이같이 요셉에게 이르라 네 형들이 네게 악을 행하였을지라도 이제 바라건대 그들의 허물과 죄를 용서하라 하셨나니 당신 아버지의 하나님의 종들인 우리 죄를 이제 용서하소서 하매 요셉이 그들이 그에게 하는 말을 들을 때에 울었더라 18 그의 형들이 또 친히 와서 요셉의 앞에 엎드려 이르되 우리는 당신의 종들이니이다 19 요셉이 그들에게 이르되 두려워하지 마소서 내가 하나님을 대신 하리이까 20 당신들은 나를 해하려 하였으나 하나님은 그것을 선으로 바꾸사 오늘과 같이 많은 백성의 생명을 구원하게 하시려 하셨나니 21 당신들은 두려워하지 마소서 내가 당신들과 당신들의 자녀를 기르리이다 하고 그들을 간곡한 말로 위로하였더라

(창 50:15~21)

주는 나의 하나님

고난 가운데 하나님을 찬양하는 것은 결코 쉬운 일이 아닐 것입니다. 그런데 그렇게 행한 사람이 있습니다. 바로 다윗입니다. 시편 63편은 다윗이 그의 아들 압살롬의 반역으로 인해 쫓길 때 광야에서 지은 시입니다. 이 시를 지을 때 다윗은 다른 사람도 아닌 자신의 아들에게 왕위를 빼앗긴 채, 온갖 수모와 창피 가운데 있었습니다. 그러나 다윗은 불평하거나 하나님을 원망하지 않고, 하나님을 간절히 찾았습니다. 자신의 모든 염려와 자신이 처한 비참한 상황들을 하나님께 다 맡기고 하나님께 나아간 것입니다. 다윗은 고통 중에서도 하나님을 나의 하나님으로 고백했습니다. 하나님의 전능하심을 인정하고, 자기를 도와달라고 간구했습니다.

2절에서 다윗은 "하나님의 영광과 권능을 보기 위해서 성소에서 주를 바라보았다"고 기록하고 있습니다. 다윗은 세상의 다른 것을 보지 않고, 하나님만을 바라보았습니다. 고난 중에서 하나님의 권능과 능력이 자기 삶에 나타나 길을 인도해 줄 것을 갈망하며 성소에서 주님을 찾았습니다. 성소는 하나님이 임재하시는 곳이기 때문에 하나님의 영광이 가득합니다. 하나님의 기쁨과 평화가 넘치고 그분의 능력이 나타납니다. 다윗은 고난 가운데에서 하나님이 나를 구원하시고, 도우셨다고 고백함으로써 궁극적으로 하나님의 영광이 만천하에 나타나게 해달라고 하나님께 간절히 기도했습니다. 하나님은 이런 다윗의 기도에 응답하셨고, 그의 모든 문제들이 해결되었으며, 넘치는 축복을 받았습니다. 다윗과 그의 가문은 물론이고, 그의 나라와 민족이 하나님으로부터 큰 축복을 받게 되었습니다.

지금 여러분은 어떤 고난 가운데 계십니까? 누구의 도움을 기다리며 헤매고 있습니까? 나의 하나님을 찾으십시오. 하나님께서 도와주시면 안 될 것이 없습니다. 하나님은 모든 것을 가지고 계시며 영원토록 계시는 분이기 때문에 그분의 도움을 받아야 합니다. 지금까지 돌아보면 한순간도 하나님은 우리를 버린 일이 없고, 하나님이 도우셔서 우리가 여기까지 온 것입니다. 우리가 지쳐서 일어설 기력도 없을 때 하나님은 우리를 일으켜 세우시고, 여기까지 오도록 힘과 능력을 주셨습니다.

다윗의 고백처럼 하나님을 나의 하나님으로 모시고, 나의 하나님을 온전히 발견하고 찬송하시기를 바랍니다. 여러분의 문제가 해결될 뿐만 아니라 여러분을 통해서 가정과 교회, 나라와 민족이 복을 받게 될 것입니다.

1 하나님이여 주는 나의 하나님이시라 내가 간절히 주를 찾되 물이 없어 마르고 황폐한 땅에서 내 영혼이 주를 갈망하며 내 육체가 주를 앙모하나이다 2 내가 주의 권능과 영광을 보기 위하여 이와 같이 성소에서 주를 바라보았나이다 3 주의 인자하심이 생명보다 나으므로 내 입술이 주를 찬양할 것이라 4 이러므로 나의 평생에 주를 송축하며 주의 이름으로 말미암아 나의 손을 들리이다 5 골수와 기름진 것을 먹음과 같이 나의 영혼이 만족할 것이라 나의 입이 기쁜 입술로 주를 찬송하되 6 내가 나의 침상에서 주를 기억하며 새벽에 주의 말씀을 작은 소리로 읊조릴 때에 하오리니 7 주는 나의 도움이 되셨음이라 내가 주의 날개 그늘에서 즐겁게 부르리이다 8 나의 영혼이 주를 가까이 따르니 주의 오른손이 나를 붙드시거니와 9 나의 영혼을 찾아 멸하려 하는 그들은 땅 깊은 곳에 들어가며 10 칼의 세력에 넘겨져 승냥이의 먹이가 되리이다 11 왕은 하나님을 즐거워하리니 주께 맹세한 자마다 자랑할 것이나 거짓말하는 자의 입은 막히리로다

(시 63:1~11)

억지로 진 십자가

오늘날 십자가는 기독교의 가장 대표적인 상징물입니다. 예수 그리스도께서 십자가를 통해 인류 구원을 이루셨기 때문에, 십자가는 예수님의 사랑과 헌신, 희생을 나타냅니다. 하지만 십자가는 원래 형벌의 도구였고 '고문대'라는 뜻을 가지고 있습니다. 십자가 형벌은 구약 성경을 비롯하여 고대 여러 민족들 사이에서 이미 통용되어 왔던 사형법이었습니다. 예수님 당시 십자가 형벌은 많은 형벌 중에서도 가장 참혹한 것이었습니다. 로마법에서도 노예나 중범죄자에게만 십자가형을 집행했습니다.

마가복음 27장의 내용은 예수님께서 로마 군병들에게 희롱당하시고, 십자가에 못 박히시는 장면입니다. 예수님은 죄가 없으셨지만 우리를 구원하시기 위해서 십자가에 달려야만 했습니다. 예수님은 백성들을 구원하기 위해서 털 깎는자 앞에 잠잠하게 있었던 어린양처럼 십자가를 지셨습니다. 예수님께서는 채찍과 고문에 지친 몸으로 60kg이 넘는 십자가를 지고 골고다 언덕을 향해 올라갔습니다. 십자가의 무게를 견딜 수 없어서 예수님께서는 수없이 쓰러지고 넘어져야만 했습니다.

로마 군병은 예수님을 끌고 가다가 시몬이라는 구레네 사람을 만나자 십자가를 억지로 지게 했습니다. 구레네 시몬은 예수님이 누구인지 알지도 못했고, 자신이 진 십자가의 의미가 무엇인지도 몰랐습니다. 사람들은 구레네 시몬을 운이 없는 사람이라고 생각했습니다. 구레네 시몬 자신도 그렇게 생각했을 것입니다.

하지만 구레네 사람 시몬에게 십자가는 고통이 아니라 은혜였습니다. 구레네 시몬은 이 사건을 통해서 자신뿐 아니라 온 가족이 예수님을 믿게 되었기 때문입니다. 이후 시몬의 가족들은 그 이름이 성경에 기록될 정도로 초대교회의 충성스런 일꾼이 되는 놀라운 축복을 받게 되었습니다.

여러분은 어떤 십자가를 지고 있습니까? 그 십자가를 지기가 어렵고 힘들어서 내려놓고 싶습니까? 여러분이 진 십자가를 자원하는 마음으로 진다면 좋겠지만, 그럴 수 없더라도 구레네 시몬을 기억하시면서 억지로라도 십자가를 지고 가십시오. 순종할 수 없으면 복종이라도 해야 합니다. 복종은 이해가 되지 않고, 납득이 되지 않아도 무조건 따라가는 것입니다. 사도 바울은 자신을 쳐서 날마다 복종하게 한다고 했습니다.

진정한 그리스도인이라면 날마다 자기 십자가를 지고 주님의 뒤를 따라야 합니다. 여러분께 주어진 십자가를 당당히 지십시오. 그 십자가로 인해서 놀라운 은혜와 축복을 경험하게 될 것입니다.

27 이에 총독의 군병들이 예수를 데리고 관정 안으로 들어가서 온 군대를 그에게로 모으고 28 그의 옷을 벗기고 홍포를 입히며 29 가시관을 엮어 그 머리에 씌우고 갈대를 그 오른손에 들리고 그 앞에서 무릎을 꿇고 희롱하여 이르되 유대인의 왕이여 평안할지어다 하며 30 그에게 침 뱉고 갈대를 빼앗아 그의 머리를 치더라 31 희롱을 다한 후 홍포를 벗기고 도로 그의 옷을 입혀 십자가에 못 박으려고 끌고 나가니라 32 나가다가 시몬이란 구레네 사람을 만나매 그에게 예수의 십자가를 억지로 지워 가게 하였더라 33 골고다 즉 해골의 곳이라는 곳에 이르러 34 쓸개 탄 포도주를 예수께 주어 마시게 하려 하였더니 예수께서 맛보시고 마시고자 하지 아니하시더라 35 그들이 예수를 십자가에 못 박은 후에 그 옷을 제비 뽑아 나누고 36 거기 앉아 지키더라 37 그 머리 위에 이는 유대인의 왕 예수라 쓴 죄패를 붙였더라

(마 27:27~37)

믿음으로 사는 삶

말씀대로 사는 삶

기도로 사는 삶

감사하며 사는 삶

순종하며 사는 삶

성령 충만하여 사는 삶

성도의 말씀 훈련

신앙 훈련 중에 말씀 훈련이 있습니다. 말씀 훈련이란 성경을 하나님의 말씀으로 인정하고 배우고 묵상하고, 말씀의 교훈을 따라서 사는 훈련을 말합니다. 한국 교회는 다행스럽게도 말씀 공부를 즐겨 하고, 말씀의 훈련을 강조하는 전통을 가지고 있습니다. 하나님의 말씀을 잘 알고 깨닫는 것이 다른 무엇보다도 중요하기 때문입니다. 장로교 신조 1조에 보면 '신·구약 성경은 하나님의 말씀이니 신앙과 행위에 대해 정확 무오한 유일한 법칙'이라고 말하고 있습니다. 우리는 말씀으로 지어졌기 때문에 말씀 안에 있어야 진정으로 자유롭고 행복해질 수 있습니다. 그러므로 말씀 읽기와 듣기, 묵상하기를 즐겨하고, 말씀대로 살고자 노력하는 신앙인이 되어야 합니다.

이처럼 중요한 말씀 훈련을 어떻게 하면 좋을까요? 사도행전 말씀에 보면 "베뢰아에 있는 사람들은 데살로니가에 있는 사람들보다 더 너그러워서 간절한 마음으로 말씀을 받았다"고 되어 있습니다. "너그럽다"는 것은 '좋은 문벌', '좋은 성품'을 뜻하는데, 말씀 훈련은 말씀의 가치를 알고, 수용하는 너그러운 마음으로부터 시작이 됩니다. 너그러운 마음을 가지면 하나님의 말씀을 편견이나 오해 없이 들을 수 있기 때문에 하나님의 말씀을 듣고, 그 말씀을 진리로 받아들일 수가 있습니다. 그리고 성경을 읽을 때 성경이 하나님의 말씀이라는 것을 인정하기 때문에 자의적으로 하나님의 말씀을 해석하거나, 비판하거나, 자기 지식을 과시하지도 않습니다. 오직 겸손한 마음으로, 간절한 마음으로 하나님의 말씀을 받아들입니다.

또한 베뢰아에 있는 사람들은 간절한 마음으로 말씀을 받고 이것이 그러한가 하여 날마다 성경을 상고했다고 말씀하고 있습니다. 여기서 "상고한다"는 말의 뜻은 '골라내다, 채를 쳐서 가려내다, 탐색하다, 조사하다'입니다. 이는 성경을 형식적으로 읽는 것이 아니라 매일같이 진지하게 성경을 연구하는 자세와 태도로 성경을 읽는 것을 말합니다. 성경을 단순히 읽는 단계에 머무는 것이 아니라 깊은 묵상의 단계에까지 나아갔다는 것을 말합니다.

이처럼 베뢰아의 성도들은 말씀 훈련을 받을 수 있는 마음의 준비가 잘 되어 있을 뿐만 아니라 말씀 훈련을 위해서 날마다 열심히 노력하는 삶을 살았기 때문에 말씀의 열매와 능력을 경험할 수 있었습니다. 그리고 이들의 삶의 태도는 말씀 훈련을 잘 받기를 원하는 신앙인들에게 좋은 모범이 되고 있습니다.

시편 1편 2절에 보면 "복 있는 사람은 오직 여호와의 율법을 즐거워하여 그의 율법을 주야로 묵상하는 자"라고 말씀하고 있습니다. 그리고 그런 사람은 잎이 마르지 않고, 열매 맺는 삶을 살게 되어 모든 것이 형통하게 될 것이라고 말씀하고 있습니다. 이것은 말씀 훈련이 잘 된 사람에게 주어지는 축복의 말씀입니다. 하나님의 말씀은 오늘도 살아서 역사하고 있습니다. 누구든지 말씀 앞에서 놀라운 회개와 변화와 기적을 경험할 수 있습니다. 말씀 훈련을 통해서 말씀의 깊고 심오한 세계에 한 발자국 더 내딛게 되시기를 바랍니다.

11 베뢰아에 있는 사람들은 데살로니가에 있는 사람들보다 더 너그러워서 간절한 마음으로 말씀을 받고 이것이 그러한가 하여 날마다 성경을 상고하므로 12 그 중에 믿는 사람이 많고 또 헬라의 귀부인과 남자가 적지 아니하나 13 데살로니가에 있는 유대인들은 바울이 하나님의 말씀을 베뢰아에서도 전하는 줄을 알고 거기도 가서 무리를 움직여 소동하게 하거늘 14 형제들이 곧 바울을 내보내어 바다까지 가게 하되 실라와 디모데는 아직 거기 머물더라

(행 17:11~14)

내 영혼의 부흥을

예루살렘 성읍이 허물어졌다는 소식을 바벨론에서 듣고 느헤미야는 슬퍼하며 귀환을 위해 간절히 기도하였습니다. 그리고 마침내 하나님의 섭리하에 바벨론의 포로에서 귀환한 느헤미야는 예루살렘의 무너진 성벽을 재건하였습니다.

이스라엘 백성들은 과거에 화려한 성읍과 군대와 무기를 모두 가지고 있었지만, 하나님의 말씀에서 떠남으로 말미암아 영적으로 타락하게 되었습니다. 그 결과 나라는 망하고, 성은 불타고, 백성들은 포로로 끌려가서 바벨론에서 오랫동안 노예 생활을 해야만 했습니다. 성벽 재건을 무사히 마쳤지만 또 다시 이스라엘 백성들이 하나님의 말씀을 떠나 영적으로 타락하게 된다면 조상들의 길을 반복할 것이 분명했습니다. 때문에 이스라엘 백성에게 성벽 재건 못지않게 필요한 것이 바로 심령의 재건이었습니다. 이에 학사 에스라를 세워 율법 책을 읽게 하였습니다. 이스라엘 백성들은 수문 앞 광장에 모여 하나님의 말씀을 들었습니다. 에스라가 율법 책을 펼 때 백성들은 모두 일어섰고, 말씀이 선포될 때 백성들은 손을 들고 "아멘 아멘"으로 응답하면서 몸을 굽혀 얼굴을 땅에 대고 여호와께 경배했습니다. 오랫동안 하나님을 떠났던 백성들은 말씀의 의미를 깨닫게 되자 다 울었다고 성경은 기록하고 있습니다. 말씀을 듣고 깨달음으로 자신의 죄를 고백하는 참 회개가 일어났고, 그들의 영혼이 치유되고, 회복되었습니다. 그곳에 하나님의 임재와 역사가 일어났고, 놀라운 하나님의 은혜와 복이 임하게 된 것입니다.

여러분은 하나님의 말씀에 귀 기울이고 있습니까? 말씀을 듣고 깨닫고자 애쓰고 있습니까? 우리에게 무엇보다 필요한 것은 말씀으로 우리의 영혼을 바로세우는 것입니다. 말씀으로 우리의 메마른 영혼, 죽어가는 영혼을 살리는 것입니다. 말씀은 변화시키는 능력이 있습니다. 이스라엘 백성들이 말씀의 능력으로 회개와 부흥을 경험한 것처럼 우리 자신도, 가정도, 교회도 말씀의 능력으로 새롭게 변화되어 치유와 회복, 회개와 부흥을 경험하게 되기를 바랍니다.

> 1 이스라엘 자손이 자기들의 성읍에 거주하였더니 일곱째 달에 이르러 모든 백성이 일제히 수문 앞 광장에 모여 학사 에스라에게 여호와께서 이스라엘에게 명령하신 모세의 율법책을 가져오기를 청하매 2 일곱째 달 초하루에 제사장 에스라가 율법책을 가지고 회중 앞 곧 남자나 여자나 알아들을 만한 모든 사람 앞에 이르러
>
> (느 8:1~2)

말씀의 능력

포로된 바벨론 땅에서 하나님의 선지자로 부름 받았던 에스겔은 골짜기에 널려 있는 마른 뼈다귀를 향하여 여호와의 말씀을 대언하였습니다. "너희 모든 뼈들아! 여호와의 말씀을 들을지어다! 너희 위에 힘줄이 생기고 살이 붙고 가죽이 덮여지고 생기가 들어가서 너희가 살리라"(겔 37:4~5) 그 소리와 함께 많은 뼈들이 서로 맞붙고, 힘줄과 살이 생겨나고, 가죽이 덮여 사람이 되었습니다. 나중에는 큰 군대까지 이루게 되었습니다. 에스겔의 환상을 통해서 우리는 하나님의 말씀이 가진 엄청난 능력을 경험할 수가 있습니다.

하나님의 말씀이 우리에게 보여 주시는 능력에는 어떤 것이 있을까요?

첫째, 하나님의 말씀은 살아 있습니다.

하나님의 말씀이 왜 살아 있습니까? 말씀하시는 분이 세세토록, 영원토록 살아 계시는 하나님이시기 때문에 하나님이 하신 그 말씀도 영원토록 살아 있는 말씀일 수밖에 없습니다. 하나님의 말씀은 살아 있어서 그 말씀을 믿음으로 붙들면 말씀대로 이루어지는 역사가 있습니다. 말씀을 믿으면 말씀대로 이루어집니다. 살아 있는 하나님의 말씀을 경험하기 위해서, 우리는 성경 말씀을 붙들고 믿어야 합니다.

둘째, 하나님의 말씀은 활력이 있습니다.

하나님의 말씀은 살아 있기 때문에 움직이는 활력, 즉 운동력이 있습니다. 하나님의 말씀이 우리 마음속에 들어올 때 우리를 깨뜨리고 변화시키는 힘이 있는 것입니다. "여호와의 말씀이니라 내 말이 불 같지 아니하냐, 바위를 쳐서 부스러뜨리는 방망이 같지 아니하냐(렘 23:29)." 하나님의 말씀은 불 같다고 했습니다. 모든 죄악을 불살라 버리는 놀라운 힘이 하나님의 말씀에 있습니다. 아무리 완고하고 바윗덩어리와 같이 단단한 마음이라 할지라도 말씀의 방망이가 가서 깨뜨릴 때는 산산이 부서지고 마는 것입니다. 이처럼 하나님의 말씀은 놀라운 운동력을 가지고 계십니다.

셋째, 하나님의 말씀은 좌우에 날선 어떤 검보다 예리하여 혼과 영과 및 관절과 골수를 찔러 쪼개기까지 하며 또 마음의 생각과 뜻을 판단합니다.

말씀의 검은 우리의 깊은 영과 혼까지도 찔러 쪼개는 힘을 가지고 있습니다. 또한 말씀은 우리 마음의 깊은 생각과 뜻을 감찰하십니다. 우리는 다른 사람의 마음을 알 수 없을 뿐만 아니라, 때로는 자기 자신의 마음과 생각조차도 알지 못할 때가 있습니다. 하나님은 우리 마음의 깊은 곳까지도 알고 계시기 때문에 하나님 앞에서는 감춰진 것이 하나도 없습니다. 하나님의 말씀 앞에서는 모든 것이 다 드러나게 되어 있습니다.

예수님께서 광야에 나가서 40일 동안 금식하실 때, 마귀는 돌을 떡덩이가 되게 하라고 유혹했습니다. 예수님은 "사람이 떡으로만 살 것이 아니요. 하나님의 입으로 나오는 모든 말씀으로 살 것이라!"고 말씀하셨습니다. 믿음의 성도들이 살아갈 수 있는 것은 육신의 어떠한 것 때문이 아니라 영의 양식, 생명의 양식이신 하나님의 말씀 때문입니다. 우리가 하나님의 말씀으로 살아가기 위해서는 매일매일 말씀을 가까이 하여, 하나님의 음성을 듣고, 그 말씀대로 살아가려고 노력해야 합니다.

오늘도 살아서 역사하시는 하나님의 말씀의 능력을 믿으시기 바랍니다. 하나님이 우리 각자에게 주시는 말씀을 꼭 붙드셔서, 그 말씀이 우리 삶 가운데에서 역사하시기를 바랍니다.

> 12 하나님의 말씀은 살아 있고 활력이 있어 좌우에 날선 어떤 검보다도 예리하여 혼과 영과 및 관절과 골수를 찔러 쪼개기까시 하며 또 마음의 싱긱과 뜻을 판단하니니
> (히 4:12)

믿음으로 사는 삶

말씀대로 사는 삶

기도로 사는 삶

감사하며 사는 삶

순종하며 사는 삶

성령 충만하여 사는 삶

힘써야 할 일

　세상에서 가장 아름다운 손이 있다면 그것은 바로 '기도하는 손'입니다. 기도하는 손은 하늘 문을 여는 손이요. 하늘과 지상을 연결하는 축복의 손입니다. 그 손을 통해 하나님의 마음이 움직여지고, 사탄의 견고한 진이 무너집니다. 우리가 예수님의 이름으로 기도할 때 귀신이 물러나고, 세상을 이길 수 있는 권세와 능력으로 말미암아 날마다 승리할 수 있습니다.

　또한 기도 생활은 우리의 삶에 영적인 에너지를 공급합니다. 기도를 게을리하거나 우리의 기도가 여러 가지 이유로 방해받게 되면 우리의 신앙생활에 문제가 생깁니다. 영적인 힘을 공급받을 수 없기 때문에 사탄의 유혹에 쉽게 넘어갑니다. 그렇기 때문에 우리는 기도 생활을 우리의 호흡처럼 해야 합니다. 호흡을 하지 않으면 사람이 살 수 없듯이 기도하지 않으면 영적인 삶을 살 수 없다는 것을 명심하고 기도에 힘써야 합니다.

　성경 말씀은 우리에게 응답받는 기도의 비결을 가르쳐 주고 있습니다. "구하고, 찾고, 두드려라!" 이 말씀은 우리가 기도할 때 간절하게 하라는 뜻입니다. 잘되지 않는다고 포기하거나 낙심하거나 의심하지 말고, 믿음을 가지고 기도하라는 것입니다. 즉 생사를 걸고 기도하는 것을 말합니다. 얍복 강가의 야곱처럼 말입니다. 야곱은 절대로 포기하지 않고, 자기 목숨을 걸고 하나님께 매달렸습니다. 생사를 건 기도의 밤을 지나고 나서 야곱은 하나님께 기도의 응답을 받습니다. 그리고 그의 이름이 야곱에서 이스라엘로 바뀝니다. 이름이 바뀌었다는 것은 자기중심적인 삶에서 하나님 중심적인 삶으로 변화되었다는 것을 뜻합니다. 야곱은 지금까지 자신의 뜻과 생각을 이루기 위해서 열심히 노력했지만 이제는 하나님의 방법으로 하나님의 뜻과 생각을 이루기 위해서 살기로 작정합니다. 하나님을 진정으로 기쁘시게 하는 삶을 살게 되는 것입니다.

이처럼 간절한 기도는 응답받을 뿐만 아니라 우리의 인생 자체가 변화되는 놀라운 역사를 일으킵니다. 믿음의 선배들이 이 사실을 다 증명해 주고 있습니다.

우리가 힘써야 할 일은 다른 무엇보다도 기도하는 것입니다. 기도하되 간절히 기도해야 합니다. 기도하는 한 사람이 기도하지 않는 민족보다 더 위대하다고 합니다.

우리 모두 기도하는 한 사람이 되어 자신뿐만 아니라 이 세상을 위하여 중보하고, 기도를 통해 하나님의 역사를 새롭게 써 나가시기를 바랍니다.

7 구하라 그리하면 너희에게 주실 것이요 찾으라 그리하면 찾아낼 것이요 문을 두
드리라 그리하면 너희에게 열릴 것이니 8 구하는 이마다 받을 것이요 찾는 이는 찾
아낼 것이요 두드리는 이에게는 열릴 것이니라 9 너희 중에 누가 아들이 떡을 달라
하는데 돌을 주며 10 생선을 달라 하는데 뱀을 줄 사람이 있겠느냐 11 너희가 악한
자라도 좋은 것으로 자식에게 줄 줄 알거든 하물며 하늘에 계신 너희 아버지께서 구
하는 자에게 좋은 것으로 주시지 않겠느냐 12 그러므로 무엇이든지 남에게 대접을
받고자 하는 대로 너희도 남을 대접하라 이것이 율법이요 선지자니라

(마 7:7∼12)

무엇이든지 구하라

예수님께서 십자가를 목전에 두시고 제자들에게 고별 설교를 하셨습니다. 제자들은 이 순간이 예수님의 모습을 대할 수 있는 마지막 시간일지도 모른다는 생각에 수심이 가득했습니다. 모든 것을 걸고 3년을 따라다녔지만 그들이 꿈꾸었던 꿈은 사라지고, 허탈감만 남아 있습니다. 주님께서 가신 후에 자신들에게 닥쳐올 시험과 환난에 대한 공포감은 극에 달해 있었습니다.

그러나 예수님은 제자들이 실망과 좌절 가운데 머물러 있기를 원하지 않으셨습니다. "너희가 기도하면 내가 이루겠다는데 왜 불안해 하느냐? 기도는 능력과 기적을 가져다 줄 터인데 왜 낙심하며 허탈해 하느냐? 무엇이든지 원하는 대로 구하라"고 말씀하시면서 제자들을 위로하셨습니다.

예수님께서 "무엇이든지 구하라"고 말씀하셨습니다. '무엇이든지'라는 말은 사실 기도의 본질을 깨뜨리는 말입니다. 기도에는 일정한 순서가 있고 하나님이 기뻐하는 내용과 형식이 있습니다. 정욕을 위해서 또는 무엇이나 마음 내키는 대로 구하는 기도는 성경 전체의 교훈에 비추어 볼 때 바람직하지 않습니다. 그런데 왜 예수님께서는 무엇이든지 구하라고 우리에게 말씀하고 있는 것일까요?

우리는 인생의 큰 문제에 부딪쳤을 때 기도의 논리나 질서를 따져가며 기도하지 않습니다. 그럴만한 여유가 없기 때문입니다. 그런데 바로 그때 주님께서 "무엇이든지 구하라"고 말씀하신다면 우리에게는 말할 수 없는 큰 위로와 격려가 될 것입니다.

우리는 주님께 마음껏 부르짖어 아뢸 수 있는 '무엇이든지'의 권세, '무엇이든지'의 특권을 가지고 있습니다. 여러분의 문제를 가지고 하나님 앞으로 나아오십시오. 기도할 수 있는데 왜 포기하고, 절망하고, 가면을 쓴 채 아무 일 없는 척 하고, 도망가십니까? 그 모든 기도의 제목들을 꺼내어 하나님께 구하십시오. 우리가 일하면 우리가 일할 뿐입니다. 그러나 우리가 기도하면 하나님께서 일하십니다. 우리의 작은 신음에도 응답하시는 하나님께서 우리의 기도를 들으시고 일하셔서 우리로 하여금 인생의 문제들 앞에서 승리하게 하실 것입니다. 우리는 '무엇이든지' 구할 수 있는 사람입니다.

> 23 그 날에는 너희가 아무 것도 내게 묻지 아니하리라 내가 진실로 진실로 너희에게 이르노니 너희가 무엇이든지 아버지께 구하는 것을 내 이름으로 주시리라 24 지금까지는 너희가 내 이름으로 아무 것도 구하지 아니하였으나 구하라 그리하면 받으리니 너희 기쁨이 충만하리라
>
> (요 16:23~24)

한 시간도 깨어 있을 수 없더냐

예수님께서 잡히시기 전에 겟세마네라는 곳에 제자들과 함께 기도하러 가셨습니다. 감람산 기슭에 있는 겟세마네 동산은 예수님께서 늘 기도하시던 곳이었습니다.

예수님께서는 제자들에게 기도할 동안에 앉아 있으라 하시고 베드로, 야고보, 요한을 따로 데리고 가셨습니다. 그리고 매우 슬퍼하시면서 말씀하셨습니다. "내 마음이 심히 고민하여 죽게 되었으니 너희는 여기 머물러 깨어 있으라"(34) 이 말씀에는 예수님의 절박함이 담겨져 있습니다. 예수님의 고민과 괴로움이 얼마나 컸으면 '죽게 되었으니'라는 표현을 썼을까요? 지금 예수님은 십자가의 고난과 죽음을 앞에 두고 있습니다. 할 수만 있다면 이 고난의 때를 피하고 싶은 심정이었습니다.

이에 예수님께서는 작정을 하시고, 하나님께 기도하기 위해 나아가셨습니다. 그리고 자신이 기도하는 동안 제자들에게 깨어 있으라는 간곡한 부탁을 남기셨습니다. 하지만 제자들은 예수님의 부탁에도 불구하고, 잠을 잤습니다. 예수님은 온 힘을 다해 기도하고 계셨지만, 제자들은 깊은 잠에 빠져 있었던 것입니다.

예수님께서 다시 오셔서 시몬에게 물었습니다. "시몬아 자느냐 네가 한 시간도 깨어 있을 수 없더냐" 이 말은 "네가 나와 함께 한 시간도 같이 기도할 수 없느냐?"라는 뜻입니다. 시몬은 조금 전까지 주님을 위해서라면 죽을지언정 주를 부인하지 않겠다고 예수님께 외쳤던 사람이었습니다. 하지만 정작 예수님을 위해서 한 시간도 깨어 있을 수가 없었습니다. 예수님은 또 말씀하십니다. "시험에 들지 않게 깨어 있어 기도하라 마음에는 원이로되 육신이 약하도다"(38) 시몬은 주님과 함께 기도하기를 간절히 원했습니다. 하지만 육신의 연약함을 이기지 못해서 깊은 잠에 빠지고 말았습니다. 이처럼 마음의 간절함만으로는 주님의 뜻을 이룰 수가 없습니다.

깨어 있어 기도하는 것이 필요합니다. 깨어 기도해야 시험에 들지 않습니다. 우리가 기도하지 않을 때 우리는 세상의 온갖 유혹들로 인해 영적으로 나약해지고, 결국 시험에 넘어가고 맙니다. 하지만 깨어 기도하면 세상의 유혹들을 이겨 낼 수 있습니다.

예수님께서 시몬에게 물으신 것처럼 우리에게도 묻고 계십니다. "한 시간도 깨어 있을 수 없더냐" 깨어 기도하면서 주님의 십자가와 고난에 함께 동참하시기를 바랍니다. 그리고 우리에게 다가오는 세상의 모든 시험들과 맞서 싸우십시오. 그리고 승리하십시오. 이것이 오늘 주님께서 우리에게 주시는 말씀입니다.

32 그들이 겟세마네라 하는 곳에 이르매 예수께서 제자들에게 이르시되 내가 기도할 동안에 너희는 여기 앉아 있으라 하시고 33 베드로와 야고보와 요한을 데리고 가실새 심히 놀라시며 슬퍼하사 34 말씀하시되 내 마음이 심히 고민하여 죽게 되었으니 너희는 여기 머물러 깨어 있으라 하시고 35 조금 나아가사 땅에 엎드리어 될 수 있는 대로 이 때가 자기에게서 지나가기를 구하여 36 이르시되 아빠 아버지여 아버지께는 모든 것이 가능하오니 이 잔을 내게서 옮기시옵소서 그러나 나의 원대로 마시옵고 아버지의 원대로 하옵소서 하시고 37 돌아오사 제자들이 자는 것을 보시고 베드로에게 말씀하시되 시몬아 자느냐 네가 한 시간도 깨어 있을 수 없더냐 38 시험에 들지 않게 깨어 있어 기도하라 마음에는 원이로되 육신이 약하도다 하시고 39 다시 나아가 동일한 말씀으로 기도하시고 40 다시 오사 보신즉 그들이 자니 이는 그들의 눈이 심히 피곤함이라 그들이 예수께 무엇으로 대답할 줄을 알지 못하더라 41 세 번째 오사 그들에게 이르시되 이제는 자고 쉬라 그만 되었다 때가 왔도다 보라 인자가 죄인의 손에 팔리느니라 42 일어나라 함께 가자 보라 나를 파는 자가 가까이 왔느니라

(막 14:32~42)

믿음으로 사는 삶

말씀대로 사는 삶

기도로 사는 삶

감사하며 사는 삶

순종하며 사는 삶

성령 충만하여 사는 삶

감사하는 삶의 법칙

　유대인들은 자녀 교육을 할 때 빵 한 조각을 앞에 놓고 그 빵이 식탁에 오르기까지 15단계나 거쳐야 한다는 것을 알려 준다고 합니다. 빵 한 조각에도 많은 사람들의 수고와 노력이 들어가 있고, 무엇보다도 하나님의 은혜와 사랑이 있기에 먹을 수 있다는 것을 가르치는 것입니다. 진정한 감사를 가르치는 것입니다.

　돌아보면 우리는 그저 감사할 수밖에 없는 사람들입니다. 우리가 감사한 것은 세상의 부귀영화를 누리기 때문이 아닙니다. 세상의 어떠한 환경이나 조건 때문도 아닙니다. 우리가 감사한 것은 죽을 수밖에 없는 죄인인 우리가 예수 그리스도로 말미암아 죄사함을 얻고 새 사람이 되었기 때문입니다. 그러므로 우리는 예수 그리스도의 우리를 향한 무조건적인 사랑에 대해서 감사해야 합니다.

　하지만 많은 크리스천들이 인생을 살면서 고마움과 감사를 표현하기보다는 원망이나 불평을 늘어놓을 때가 더 많습니다. 특별히 인생의 어려움에 처해 있을 때, 고난과 역경으로 힘들고 괴로워할 때 그렇습니다. 진정한 감사는 이러한 위기의 순간에 나옵니다. 진정한 믿음의 감사는 우리가 처한 상황에서 나오는 것이 아니라 우리에게 주어진 주님의 십자가로 말미암아, 또한 그것을 바라보는 믿음의 태도에서 나옵니다. 진정한 감사를 고백할 줄 아는 크리스천은 역경 속에서도 더 나은 내일을 주실 하나님께 감사합니다. 고난 속에서도 희망과 꿈이 끊어지지 않도록 하나님께서 이끌어 주실 것을 믿고 감사합니다. 많은 것을 잃었다고 생각했는데 그래도 남은 것으로 인해서 감사합니다. 이것이 바로 진정한 믿음의 감사입니다.

우리가 작은 일에 감사하면 하나님께서는 큰 감사로 영광 받으시기 위하여 우리에게 더 큰 복을 내려주십니다. 감사는 더 큰 복을 불러와서 더 큰 감사의 제목을 만들어 내기 때문입니다. 이러한 감사의 법칙을 깨달아서 작은 것 하나에도 감사함으로 날마다 풍성하고 부요한 삶을 살아가시기 바랍니다.

> 15 그리스도의 평강이 너희 마음을 주장하게 하라 너희는 평강을 위하여 한 몸으로 부르심을 받았나니 너희는 또한 감사하는 자가 되라 16 그리스도의 말씀이 너희 속에 풍성히 거하여 모든 지혜로 피차 가르치며 권면하고 시와 찬송과 신령한 노래를 부르며 감사하는 마음으로 하나님을 찬양하고 17 또 무엇을 하든지 말에나 일에나 다 주 예수의 이름으로 히고 그를 힘입어 하나님 아버지께 간사하라
>
> (골 3:15〜17)

범사에 감사하라

감사는 신앙생활의 기본 요소입니다. 우리가 예배드릴 때 감사의 태도를 갖추지 않는다면 그 예배는 온전한 예배가 될 수 없습니다. 성경에는 감사 제사의 오래된 역사를 가지고 있습니다. 가인과 아벨이 자신의 소산으로 인류 최초의 제사를 드렸고, 이스라엘 백성들은 광야 생활 속에서도 하나님께 소제와 감사제를 드렸습니다. 감사의 신앙과 삶은 그들의 미래를 결정짓는 중요한 요인이었습니다. 이스라엘 백성들은 홍해의 기적을 체험한 후 해변 가에서 기쁨과 감사의 노래를 불렀습니다. 그들은 미지의 광야를 단숨에 건너 행진할 수 있었습니다. 하지만 가데스바네아에서 정탐꾼의 보고에 실망하여 하나님께 불평과 원망을 하자, 그들은 더 이상 전진할 수 없었고, 무려 40년 동안 광야에서 방황했습니다. 감사는 개인의 운명뿐만 아니라 민족의 운명도 결정할 수 있습니다. 감사할 때 전진하지만, 원망할 때는 퇴보한다는 사실을 기억해야 합니다.

감사는 무엇 때문에 감사하는 것이 아닙니다. 매순간 우리 앞에 벌어지는 삶 자체를 감사함으로 받아들이는 것입니다. 잘되든 되지 않든, 좋은 일이건 나쁜 일이건, 입학하든 떨어지든, 성공해도 실패해도, 취직해도 실직해도, 병에 걸려도 병이 나아도, 살아도 죽어도 감사, 무조건 감사하는 것입니다. 우리가 감사할 수 있는 것은 우리가 예수 그리스도 안에서 이미 구원받았고, 영생의 삶이 우리에게 약속되어 있기 때문입니다.

행복은 누가 더 많이 가졌는가가 아니라 자신의 모습에 얼마나 감사하는가에 달려 있습니다. 어떤 사람은 평탄한 인생길 속에서 조금만 어려운 일이 있어도 원망하며 삽니다. 그러나 어떤 사람은 그 삶이 힘들고 어렵고 캄캄한 밤과 같은 인생길을 가지만, 조그만 불빛만 보아도 그것에 대해서 감사하며 희망을 갖고 삽니다. 화려한 궁정에 살아도 감사를 모른다면 보는 것마다 하는 일마다 불평하며 괴로워합니다. 하지만 작은 오두막에 살아도 우리를 지키시는 하나님이 계신다는 것을 믿고 지켜 주실 것에 대한 믿음을 가진 사람은 자기에게 주어진 환경과 일에 감사하며 살아갑니다.

여러분도 범사에 감사하며 하나님께서 나를 향하신 분명한 뜻이 있음을 믿으시고 풍성한 감사의 조건을 채워 가면서 살아가는 감사의 주인공들이 되시기 바랍니다.

> 18 범사에 감사하라 이것이 그리스도 예수 안에서 너희를 향하신 하나님의 뜻이니라
>
> (살전 5:18)

진정한 감사

하박국 선지자는 이스라엘이 바벨론에 의해서 멸망당하고 폐허가 될 것이라는 사실을 알게 되었습니다. 그 전쟁의 소리가 들려오자 하박국의 창자가 흔들리고, 그의 입술이 떨렸습니다. 뼈가 썩는 것 같은 아픔과 고통을 느꼈습니다. 이 위기의 상황에서 하박국은 하나님께 고백합니다. "나는 여호와로 말미암아 즐거워하며 나의 구원의 하나님으로 말미암아 기뻐하리로다"(18) 하박국이 이러한 기쁨과 감사의 고백을 할 수 있었던 이유는 무엇이었을까요?

하박국이 하나님께 감사할 수 있었던 이유는 환경과 조건이 변화되었기 때문이 아닙니다. 사방을 둘러봐도 즐거워하고 기뻐할 만한 이유는 하나도 없었습니다. 그럼에도 불구하고 하박국이 즐거워하고 기뻐할 수 있었던 이유는 바로 하나님 때문입니다. 하나님이 함께 하시기 때문에, 하나님께서 구원해 주실 것을 믿었기 때문에 기뻐하고 즐거워하고 감사할 수 있었던 것입니다. 진정한 감사는 세상의 것을 가지고, 눈에 보이는 것을 가지고, 손에 쥔 것을 가지고 기뻐하는 것이 아닙니다. 우리의 기쁨과 즐거움이 오직 하나님으로부터만 온다는 사실을 기억해야 합니다.

우리의 삶에 어떠한 어려움과 고난이 닥치더라도 감사를 잃어버리지 않기를 바랍니다. 감사의 마음을 잃어버리는 순간 우리는 우리와 함께 하시는 하나님을 잃어버리게 됩니다. 우리가 의지할 분은 오직 하나님 한 분뿐입니다. 우리의 구원자 되신 하나님께서 우리의 힘이 되셔서 우리를 선한 길로 인도해 주실 것입니다.

16 내가 들었으므로 내 창자가 흔들렸고 그 목소리로 말미암아 내 입술이 떨렸도다 무리가 우리를 치러 올라오는 환난 날을 내가 기다리므로 썩이는 것이 내 뼈에 들어왔으며 내 몸은 내 처소에서 떨리는도다 17 비록 무화과나무가 무성하지 못하며 포도나무에 열매가 없으며 감람나무에 소출이 없으며 밭에 먹을 것이 없으며 우리에 양이 없으며 외양간에 소가 없을지라도 18 나는 여호와로 말미암아 즐거워하며 나의 구원의 하나님으로 말미암아 기뻐하리로다 19 주 여호와는 나의 힘이시라 나의 발을 사슴과 같게 하사 나로 나의 높은 곳에 다니게 하시리로다 이 노래는 지휘하는 사람을 위하여 내 수금에 맞춘 것이니라

(합 3:16~19)

은혜가 풍성한 하나님

다윗은 하나님의 은혜를 특별히 많이 받은 사람이었습니다. 하나님의 은혜로 별 볼일 없던 목동의 신분에서 한 나라의 왕으로 세움 받았고, 왕이 되어서도 수많은 전쟁 가운데에서 늘 승리했으며, 세상 사람들이 추구하는 부와 명성을 모두 가지게 되었습니다.

그런데 어느 날 백향목으로 지은 화려한 궁전에서 평안한 삶을 누리던 다윗은 천막 한가운데 놓여 있었던 하나님의 법궤를 보면서 마음이 아팠습니다. 다윗은 하나님이 거하실 성전을 지어서 하나님께 드려야겠다고 결단하고 선지자 나단에게 이를 위한 기도를 부탁했습니다. 그러나 하나님께서는 다윗의 성전 건축을 허락하지 않으셨습니다. 그가 전쟁에서 너무 많은 피를 흘렸기 때문에 평화의 상징인 성전 건축을 하는 것이 적합하지 않다는 것이 이유였습니다. 다윗은 항의하거나 원망하지 않고, 하나님의 뜻을 그대로 순종하였습니다.

하나님께서는 다윗의 성전 건축을 허락하지는 않으셨지만 다윗의 하나님을 향한 헌신과 열정, 그 마음만은 그대로 받아주셨습니다. 그리고 그 마음에 대한 응답으로 다윗에게 엄청난 축복의 약속을 하셨습

니다. "네 집과 네 나라가 내 앞에서 영원히 보전되고 네 왕위가 영원히 견고하리라"(삼하 7:16)

다윗은 인간이 누릴 수 있는 최고의 축복을 하나님으로부터 받았을 뿐 아니라 그 축복을 다윗의 집안 및 이스라엘 전체가 영원토록 누릴 수 있는 은혜를 받게 된 것입니다. 다윗이란 이름의 뜻은 '하나님의 도움을 받는다. 사랑을 받는다.' 입니다. 다윗은 이름의 뜻대로 하나님의 은혜와 사랑을 많이 받은 사람이었습니다.

그런데 다윗의 위대한 점은 받은 바 그 은혜와 사랑을 잊지 않고, 하나님께 그 고마움과 감사를 표현하려고 노력했던 사람이라는 것입니다. 다윗은 하나님이 그를 사랑한 것처럼, 하나님을 사랑했고, 자신이 가진 모든 것을 하나님께 아낌없이 드릴 수 있었던 사람이었습니다.

사람들은 어려울 때 하나님을 찾습니다. 하나님께 도움과 기적을 구합니다. 하지만 하나님의 은혜와 사랑으로 형편이 풀리고 성공하게 되면, 언제 그랬냐는 듯이 하나님을 잊어버립니다. 고마움과 감사를 표현하기는커녕 하나님을 찾지도 않습니다.

우리도 다윗처럼 하나님을 사랑하고, 그 사랑하는 마음을 하나님께 표현하며 살아갑시다. 하나님께 받은 은혜와 복을 헤아리며 그것들을 기억하고, 감사하며 살아갑시다. 그런 삶을 살아가는 믿음의 성도에게는 다윗에게 주어졌던 축복의 말씀들이 그대로 주어질 것입니다.

1 여호와께서 주위의 모든 원수를 무찌르사 왕으로 궁에 평안히 살게 하신 때에 2 왕이 선지자 나단에게 이르되 볼지어다 나는 백향목 궁에 살거늘 하나님의 궤는 휘장 가운데에 있도다 3 나단이 왕께 아뢰되 여호와께서 왕과 함께 계시니 마음에 있는 모든 것을 행하소서 하니라 4 그 밤에 여호와의 말씀이 나단에게 임하여 이르시되 5 가서 내 종 다윗에게 말하기를 여호와께서 이와 같이 말씀하시되 네가 나를 위하여 내가 살 집을 건축하겠느냐 6 내가 이스라엘 자손을 애굽에서 인도하여 내던 날부터 오늘까지 집에 살지 아니하고 장막과 성막 안에서 다녔나니 7 이스라엘 자손과 더불어 다니는 모든 곳에서 내가 내 백성 이스라엘을 먹이라고 명령한 이스라엘 어느 지파들 가운데 하나에게 내가 말하기를 너희가 어찌하여 나를 위하여 백향목 집을 건축하지 아니하였느냐고 말하였느냐

(삼하 7:1∼7)

믿음으로 사는 삶

말씀대로 사는 삶

기도로 사는 삶

감사하며 사는 삶

순종하며 사는 삶

성령 충만하여 사는 삶

부름 받은 사람들

예수님께서는 갈릴리 해변을 지나가시다가 제자들을 부르셨습니다. 예수님께서 시몬과 안드레에게 말씀하셨습니다. "나를 따라오너라. 내가 너희를 사람을 낚는 어부가 되게 하리라"(19) 시몬과 안드레는 곧 그물을 버려 두고 예수님을 따랐습니다. 예수님께서는 조금 더 가신 후에 그물을 깁고 있었던 요한과 야고보도 부르셨고, 이들 역시 배와 아버지를 버려 두고 예수님을 따랐습니다. 예수님은 당신의 제자들을 세우기 위해서 이들을 불렀습니다. 주님의 뜻을 이어갈 하나님 나라의 일꾼들이 필요했기 때문입니다. 2000년 전에 제자들을 부르시던 주님의 음성은 지금도 계속되고 있습니다. 예수님께서는 나를 따라오라고 지금도 우리를 부르고 계십니다. 예수님은 우리 한 사람 한 사람을 불러 당신의 제자로 삼으시길 원합니다.

성경이 말하는 제자는 어떤 사람일까요? 제자는 주님을 따르기 위해서 모든 것을 버리는 사람을 말합니다. 예수님께 부름 받은 제자들은 자신의 아버지와 배를 모두 버렸습니다. 이것은 자신의 가족과 생업 모두를 버렸다는 것입니다. 하지만 우리 주변에는 겉모양은 제자이나 실상은 그렇지 않은 경우를 많이 봅니다. 주님을 따른다고 하면서도 모든 것을 버리지 않는 사람을 말합니다. 부자 청년이 주님을 따르기 원했지만 자신의 재물을 버리지 못해 제자가 되지 못한 것을 기억해야 합니다.

또한 제자는 주님을 따르는 사람입니다. 주님께서는 제자된 우리에게 "나를 따르라"고 말씀하십니다. 이 말은 주님께 순종하라는 것입니다. 주님의 말씀을 소중히 여기고 지키려고 노력하는 것이 순종하는 제자의 모습입니다. 우리가 주님의 말씀을 지키려고 노력하면서 신앙생활을 하다 보면 때로는 부담이 될 때도 있습니다. 부자 청년처럼 재물의 문제일 수도 있고, 관계, 헌금, 전도 등등의 문제일 수도 있습니다.

그러나 우리는 제자들이 주님의 말씀을 순종하기 위해서 모든 것을 버렸다는 사실을 기억해야 합니다. '할 수 없다, 힘들다'는 고정관념도 버려야 합니다. 주님께서 함께 하시면, 성령님께서 역사하시면 할 수 있다는 자신감으로 말씀에 순종해야 합니다. 순종하는 제자야 말로 예수님의 참 제자입니다.

> 18 갈릴리 해변에 다니시다가 두 형제 곧 베드로라 하는 시몬과 그의 형제 안드레가 바다에 그물 던지는 것을 보시니 그들은 어부라 19 말씀하시되 나를 따라오라 내가 너희를 사람을 낚는 어부가 되게 하리라 하시니 20 그들이 곧 그물을 버려 두고 예수를 따르니라 21 거기서 더 가시다가 다른 두 형제 곧 세베대의 아들 야고보와 그의 형제 요한이 그의 아버지 세베대와 함께 배에서 그물 깁는 것을 보시고 부르시니 22 그들이 곧 배와 아버지를 버려 두고 예수를 따르니라
>
> (마 4:18~22)

예수님이 오시면

부활하신 예수님께서 디베랴 호수에 있는 제자들에게 나타나셨습니다. 그것을 모르는 베드로는 실의에 빠져 원래의 생업인 물고기를 잡으러 디베랴로 갔고, 몇몇 제자들도 베드로를 따라갔습니다. 베드로는 다른 제자들과 함께 밤을 새워 고기를 잡았습니다. 하지만 웬일인지 고기가 잡히지 않았습니다. 이때 예수님께서 나타나 물으셨습니다. "얘들아 너희에게 고기가 있느냐"(5) 제자들은 잡은 것이 없다고 대답했습니다.

예수님께서 다시 말씀하셨습니다. "그물을 배 오른편에 던지라 그리하면 잡으리라"(6) 제자들이 말씀대로 했더니 그물을 들 수 없을 정도로 고기가 많이 잡혔습니다. 그제야 베드로는 말씀하시던 분이 예수님이란 사실을 알아차렸습니다.

예수님은 왜 베드로를 찾아오셨을까요? 예수님은 제자들을 책망하고, 꾸짖으려고 찾아오신 것이 아니었습니다. 예수님은 당신의 사랑하는 제자들이 두려움과 절망과 패배감에서 회복되기를 원하셨습니다. 그들이 이루어야 할 사명이 있기 때문이었습니다. 베드로의 사명은 물고기를 잡는 것이 아니라 죄악이 출렁이는 예루살렘에서 사람을 낚는 것이었습니다. 그 사명을 내팽개치고, 주님을 떠나 혼자 힘으로 살아 보겠다고 뛰쳐나간 베드로에게 남겨진 것은 빈 그물 밖에 없었습니다. 빈 그물은 인생의 실패와 절망을 뜻합니다.

예수님은 사랑하는 제자들이 빈 그물에 의지한 채 살아가는 모습을 원하지 않았습니다. 예수님께서는 빈 그물을 채워 주기 위해서 베드로를 찾아오셔서 말씀하십니다. "그물을 배 오른편에 던지라 그리하면 잡으리라"(6) 이 말씀에는 여러 가지 의미가 있습니다. 시간적으로는 다시 한 번 그물을 던지라는 것입니다. 다시 한 번 도전할 수 있는 기회가 있다는 것입니다. 공간적으로는 고기가 있는 곳을 찾아 그물을 던지라는 것입니다. 어디로 가야 할지 방향을 제시해 주겠다는 말씀입니다. 정신적으로는 다시 말씀에 순종해서 던지라는 것입니다. 구체적인 방법을 주님께서 가르쳐 주시겠다는 것입니다. 그대로 순종하기만 하면 되는 것입니다. 또한 성경에는 오른편에 대한 상징이 많이 나와 있습니다. 마태복음 25장 최후의 심판 비유에서 양의 자리는 오른편이고, 전도서 10장 2절에서 "지혜자의 마음도 오른편"에 있다고 합니다. 또한 시편 16편 11절에서 "주의 우편에는 영원한 즐거움이 있다"고 말씀합니다. 이처럼 오른편은 우리가 가야 할 인생의 방향을 의미합니다.

그러므로 배 오른편에 그물을 던진다는 것은 우리의 인생을 예수님께 던진다는 의미가 되는 것입니다. 생의 방향을 전환하여 예수님의 말씀과 뜻과 가르침을 받아들이고 전적으로 순종하는 삶을 살아가겠다는 것입니다.

혹시 여러분도 베드로와 같이 빈 그물만 쫓아 살고 있지는 않습니까? 그래서 인생의 실패와 좌절, 허무함 가운데 빠져 있지 않습니까? 지금까지 그렇게 살아왔다면 이제 남은 인생의 주사위를 예수님 편에 던지십시오. 여러분의 인생에 절호의 기회가 될 것입니다. 부활의 주님을 만난 베드로가 오른편에 던진 그물로 인해 들어 올릴 수 없을 만큼의 큰 축복을 받은 것처럼, 여러분도 예수님 편에 인생을 던짐으로 인생에서 승리하시기를 바랍니다.

> 1 그 후에 예수께서 디베랴 호수에서 또 제자들에게 자신을 나타내셨으니 나타내신 일은 이러하니라 2 시몬 베드로와 디두모라 하는 도마와 갈릴리 가나 사람 나다나엘과 세베대의 아들들과 또 다른 제자 둘이 함께 있더니 3 시몬 베드로가 나는 물고기 잡으러 가노라 하매 그들이 우리도 함께 가겠다 하고 나가서 배에 올랐으나 그 날 밤에 아무 것도 잡지 못하였더니 4 날이 새어갈 때에 예수께서 바닷가에 서셨으나 제자들이 예수신 줄 알지 못하는지라 5 예수께서 이르시되 얘들아 너희에게 고기가 있느냐 대답하되 없나이다 6 이르시되 그물을 배 오른편에 던지라 그리하면 잡으리라 하시니 이에 던졌더니 고기가 많아 그물을 들 수 없더라 7 예수께서 사랑하시는 그 제자가 베드로에게 이르되 주님이시라 하니 시몬 베드로가 벗고 있다가 주님이라 하는 말을 듣고 겉옷을 두른 후에 바다로 뛰어 내리더라 8 다른 제자들은 육지에서 거리가 불과 한 오십 칸쯤 되므로 작은 배를 타고 물고기 든 그물을 끌고 와서 9 육지에 올라 보니 숯불이 있는데 그 위에 생선이 놓였고 떡도 있더라 10 예수께서 이르시되 지금 잡은 생선을 좀 가져오라 하시니 11 시몬 베드로가 올라가서 그물을 육지에 끌어 올리니 가득히 찬 큰 고기가 백쉰세 마리라 이같이 많으나 그물이 찢어지지 아니하였더라
>
> (요 21:1~11)

순종의 축복

가나안에 들어간 이스라엘 백성들은 여리고 성을 만나게 되었습니다. 여리고 성은 가나안에서 가장 오래되고 견고한 성읍 중 하나였습니다. 여리고 성의 성벽은 2중으로 되어 있을 뿐 아니라 외벽 높이가 3.5m, 내벽 높이가 7.5m, 두께가 6m나 되었습니다. 이스라엘 백성들에게 여리고 성은 그야말로 난공불락의 성이었습니다. 하지만 하나님께서는 여호수아에게 여리고와 그 왕과 용사들을 네 손에 넘겨주겠다고 약속해 주셨습니다. 하나님은 여리고를 무너뜨릴 방법을 알려 주셨습니다. 하나님의 방법은 그저 매일 하루에 한 바퀴씩 침묵으로 여리고 성을 돌다가 일곱째 날에는 7바퀴를 돌고 나서 나팔을 불 때 큰 소리로 외치라는 것이었습니다. 하나님의 전략은 너무도 실망스러운 것이었습니다. 하지만 여기에 하나님의 뜻이 숨어 있었습니다.

이스라엘 백성들은 매일 여리고 성을 돌면서 여리고 성이 자신들이 무너뜨릴 수 있는 성이 아니란 사실을 분명히 확인했습니다. 이 전쟁이 자신들의 능력과 노력이 아니라 하나님의 능력과 방법으로만 승리할 수 있다는 사실을 깨닫게 되었습니다. 침묵 가운데서 하나님의 생각과 뜻에 귀를 기울이고, 하나님의 명령에 순종해 갈 때, 하나님의 약속을 믿고 기다릴 때, 하나님께서 어떻게 역사하시는가를 배우고, 경험하게 하신 것입니다.

그 결과, 도저히 무너지지 않을 것 같았던 여리고 성이 이스라엘 백성들의 외침과 함께 와르르 무너져 버렸습니다. 피 한 방울 흘리지 않고, 여리고 성을 점령하게 된 것입니다. 하나님의 명령에 대한 순종은 이처럼 엄청난 결과와 축복을 우리에게 선물해 줍니다.

이스라엘 백성들이 여리고 성 함락 사건에서 배웠던 것은 바로 하나님의 명령에 대한 순종입니다. 여러분도 자신의 생각, 뜻, 노력, 능력을 잠시 내려놓고 하나님의 명령에 순종할 때 오는 하나님의 인도하심, 축복하심이 분명히 있다는 것을 깨닫는 복된 삶을 사시기 바랍니다.

> 10 여호수아가 백성에게 명령하여 이르되 너희는 외치지 말며 너희 음성을 들리게 하지 말며 너희 입에서 아무 말도 내지 말라 그리하다가 내가 너희에게 명령하여 외치라 하는 날에 외칠지니라 하고
>
> (수 6:10)

믿음으로 사는 삶

말씀대로 사는 삶

기도로 사는 삶

감사하며 사는 삶

순종하며 사는 삶

성령 충만하여 사는 삶

성령 충만한 자의 고백

스데반은 하나님을 모독했다는 모함에 빠져 성 밖으로 끌려 나가 돌에 맞아 순교하였습니다. 그는 짧은 기간 동안 복음을 전하고 생애를 마쳤지만, 성령 충만함이 무엇인지를 잘 보여 준 인물입니다.

성령 충만한 사람의 초점은 하늘에 있습니다. 땅의 것에 관심을 갖다 보면 충만한 삶을 살 수 없습니다. 성령 충만한 자는 하늘을 우러러보기 때문에 땅을 보지 않습니다. 눈을 들어 위를 보아야 하나님의 세계를 보고 하나님의 뜻도 생각할 수 있습니다. 스데반은 하늘을 그냥 보지 않고, 우러러 주목하여 보았는데, 이 말은 그 외에 다른 생각은 안 하고, 그 외에 아무 것도 안 보고 집중했다는 뜻입니다. 그때 스데반은 하늘이 열리는 것을 보았고 자신을 위해 십자가를 지신 그리스도를 보았습니다. 스데반은 주님께 자기 생명을 바치기로 결단합니다. "주 예수여 내 영혼을 받으시옵소서"(59) 죽음의 공포와 두려움마저 내려놓고, 하나님께 자신의 생명을 위탁한 것입니다.

스데반은 이제 자기를 죽이는 사람들, 그 원수들을 용서합니다. "이 죄를 그들에게 돌리지 마옵소서 이 말을 하고 자니라"(60) 가끔 우리는 원수를 사랑하라고 할 때 '우리 같은 보통 사람이 어떻게 원수를 사랑한다는 건가'라고 말하지만 원수 사랑은 우리가 꼭 성취해야 할 덕목입니다. 원수 사랑은 타인을 위하는 마음도 있지만 사실은 내가 살기 위해서 하는 것입니다. 누구를 미워하게 되면 미워하고 있는 그 사람에게 마음도, 건강도, 신앙도 다 빼앗기게 됩니다. 거기에 매여 있는 동안에는 영영 헤어나지 못합니다. 그 모든 것으로부터 자유로워질 수 있는 길은 바로 사랑하는 것입니다.

사도행전 6장 15절에 보면 스데반의 얼굴이 천사의 얼굴같이 보였다고 기록하고 있습니다. 성령 충만한 사람은 원수까지도 사랑하는 사람이기에 얼굴이 천사의 얼굴처럼 보이게 됩니다. 원수를 다 수용하고 사랑할 때 천사의 얼굴, 밝은 얼굴이 되는 것입니다. 이것은 우리의 얼굴이 설교요, 전도가 된다는 것을 알려 줍니다. 스데반은 그의 순교를 통해 사울을 전도했습니다. 사울은 스데반을 돌로 쳐서 죽이는 데 앞장서서 가담했는데, 이 사건 이후 다메섹 도상에서 주님을 만나게 됩니다. 예수님을 만난 사울은 바울로 이름이 바뀌게 되고, 그가 보았던 스데반의 마지막 설교와 죽음이 바울에게 큰 영향을 미치게 되었습니다.

스데반은 성령 충만한 사람이었습니다. 성령 충만한 사람은 하늘에 초점을 맞추어 살아가기에 하나님의 영광과 그리스도를 봅니다. 죽음도 두려워하지 않고, 오직 하나님을 위해 헌신하며 살아갑니다. 이 땅에서 원수 없이 천사와 같은 얼굴로 날마다 행복하게 살아갑니다. 여러분도 스데반처럼 성령 충만한 삶을 살아가시기를 바랍니다.

54 그들이 이 말을 듣고 마음에 찔려 그를 향하여 이를 갈거늘 55 스데반이 성령 충만하여 하늘을 우러러 주목하여 하나님의 영광과 및 예수께서 하나님 우편에 서신 것을 보고 56 말하되 보라 하늘이 열리고 인자가 하나님 우편에 서신 것을 보노라 한대 57 그들이 큰 소리를 지르며 귀를 막고 일제히 그에게 달려들어 58 성 밖으로 내치고 돌로 칠새 증인들이 옷을 벗어 사울이라 하는 청년의 발 앞에 두니라 59 그들이 돌로 스데반을 치니 스데반이 부르짖어 이르되 주 예수여 내 영혼을 받으시옵소서 하고 60 무릎을 꿇고 크게 불러 이르되 주여 이 죄를 그들에게 돌리지 마옵소서 이 말을 하고 자니라

(행 7:54~60)

성령을 따라 삽시다

예수님을 나의 구주로 고백하고, 나의 죄를 사해 주시는 분으로 믿는다면 우리 안에는 성령님께서 계십니다. 성령으로 말미암지 않고는 예수를 주라 할 수 없기 때문입니다. 중요한 것은 성령을 따라 사느냐 아니냐 입니다. 성령을 따라 사는 삶은 어떤 삶일까요?

첫째, 하나님의 뜻을 따라 사는 삶입니다. 사람들은 나름의 자기 기준을 가지고 살아가지만, 그리스도인들은 성령이 계시기 때문에, 성령이 우리 삶의 기준이 되어야 합니다. 성령의 기준을 따라 산다는 것은 구체적으로 하나님의 뜻을 분별하여 그 뜻에 맞추어 사는 것을 말합니다. 만일 하나님의 뜻대로 살지 않으면 성령께서 계속해서 탄식하십니다. 반대로 우리가 하나님의 뜻을 분별하고, 그 뜻대로 살면 성령이 우리 안에서 기뻐하시고, 우리의 삶이 하나님께 영광이 될 것입니다.

둘째, 성령의 인도함을 따라서 사는 삶입니다. 성령님은 보혜사이십니다. 우리 곁에서 우리를 도와주시고, 인도, 안내, 상담하시는 분이십니다. 그러므로 모든 삶에 그분의 인도를 따라 살아야 합니다. 위대한 믿음의 사람들은 모두 성령의 인도함을 따라 살아서 승리했습니다. 성령의 인도를 따라 살지 않는 것은 내 마음대로 사는 것과 같습니다. 그렇게 사는 사람에게는 육체의 열매만 있지 성령의 열매는 없습니다.

우리의 삶이 힘들고 어려울 때 성령의 인도하심을 구하십시오. 성령님께서 여러분을 도와주시고 좋은 길로 인도하실 것입니다.

셋째, 성령의 능력을 공급받는 삶입니다.

인간에게는 할 수 없는 일이 많습니다. 시간, 능력, 지식, 환경이 부족하기 때문입니다. 하지만 성령이 우리 안에 오시면 인간의 무능력이 능력으로 바뀌게 됩니다. 힘이나 능력이 아니라 성령으로 할 수 있게 됩니다. 성령에 사로잡히면 우리의 말, 생각, 행동이 바뀌고 하나님의 영광이 나타나는 삶을 살게 됩니다. 이렇게 될 때, 우리에게는 참 기쁨이 있고, 승리의 삶이 주어집니다.

넷째, 성령의 지배를 받아서 사는 삶입니다.

성령의 완전한 지배를 받아서 살 때 우리는 성령이 충만하다고 말할 수 있습니다. 성령 충만한 생활은 내 생각, 내 감정, 내 마음, 내 뜻대로 안 된다고 불평하고, 원망하는 것이 아니라 성령에 완전히 사로잡혀서, 성령에 취해서 사는 것입니다. 그때 우리는 세상의 어떤 것보다 비교할 수 없는 영원한 능력과 힘을 가지게 되어 능력 있는 삶을 살 뿐만 아니라 모든 것이 형통해지고, 주 안에서 다 이루게 됩니다.

우리 모두가 성령에 사로잡힌 바 되어, 늘 성령의 감동을 경험하고, 성령의 인도하심을 따라 성령의 열매를 맺어가는 삶 되시기를 바랍니다.

> 16 내가 이르노니 너희는 성령을 따라 행하라 그리하면 육체의 욕심을 이루지 아니하리라 17 육체의 소욕은 성령을 거스르고 성령은 육체를 거스르나니 이 둘이 서로 대적함으로 너희가 원하는 것을 하지 못하게 하려 함이니라 18 너희가 만일 성령의 인도하시는 바가 되면 율법 아래에 있지 아니하리라
>
> (갈 5:16~18)

Flowers appear on the earth;
the season of singing has come,
the cooing of doves
is heard in our land.

The fig tree forms its early fruit;
the blossoming vines spread their fragrance.
Arise, come, my darling;
my beautiful one, come with me.

My dove in the clefts of the rock,
in the hiding places on the mountainside,
show me your face, let me hear your voice;
for your voice is sweet,
and your face is lovely.

2.

믿는 자의 사명

참된 예배자

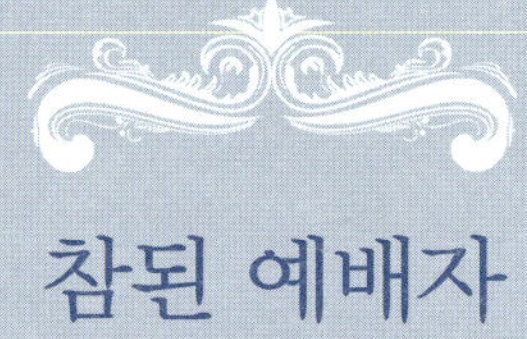

복음의 전도자

은혜 받은 자의 사명

믿음의 가정

믿는 자의 삶의 태도

누구도 대신할 수 없는 예배

하나님을 믿는 사람들에게 최고의 가치가 있는 시간은 하나님 앞에 나아와 예배드리는 시간입니다. 신학자 칼 바르트가 말한 것처럼 "예배는 인간이 하나님 앞에서 할 수 있는 가장 중요하고, 가장 긴급하고, 가장 영광스러운 행동"이기 때문입니다. 하지만 오늘날 우리의 모습을 돌아보면 부끄러워질 때가 많습니다. 바쁘고 분주한 삶을 핑계로 예배에 빠질 때도 있고, 예배에 와서도 집중하지 못해 하나님 앞에서 온전한 예배를 드리지 못할 때도 있습니다. 올바른 예배를 드리지 못하면 우리의 예배는 가인의 예배가 되고 맙니다. 아벨의 예배처럼 하나님께서 기뻐 받으시는 예배를 드리기 위해서 우리는 다음과 같은 자세와 노력이 필요합니다.

예배는 거룩한 산 제물로 드려야 합니다. 예배라는 단어의 헬라어는 라트레이아($\lambda\alpha\tau\rho\varepsilon\iota\alpha\nu$)입니다. 라트레이아의 뜻은 '무엇에게 생명을 바치다. 무엇에게 자기의 모든 것을 드린다.'입니다. 산 제물로 드리는 예배란 나의 생명을 하나님 앞에 희생적으로 드리는 것을 말합니다. 그러므로 우리가 예배드릴 때 온 몸과 마음과 정성을 다해야 합니다.

자기희생과 헌신이 담겨져 있어야 합니다.

또한 이 세대를 본받지 말아야 합니다. 이 세대는 공중 권세 잡은 자들이 지배하는 세상입니다. 그리스도인은 세상 사람들이 사는 것처럼 행동하는 것이 아니라 거룩하고 구별된 삶을 살아야 합니다. 많은 경우 예배와 삶이 분리되어 예배는 거룩하고 경건하게 드리지만, 삶은 그렇지 못할 때가 있습니다. 예배와 삶이 분리된 것이 아니라 일상의 삶을 예배드리는 자세로 살아야 합니다.

그리고 마음을 새롭게 함으로 변화를 받아야 합니다.

여기서 '마음'이란 1절의 '몸'과 같은 의미로 볼 수 있습니다. 1절에서 사용된 몸은 더 이상 '영'과 대조적인 개념으로 사용되지 않고 있습니다. 그 이유는 성도의 육신은 이미 그리스도의 지체요(고전 6:15), 성령의 전(고전 6:19)이 되었기 때문입니다. 그래서 몸은 '인격 전체'를 의미합니다. 이처럼 마음 또한 인간의 지적 능력이나 도덕적 능력 등을 포함하는 '전인격'을 뜻하고 있습니다. 한편 "변화를 받아"라는 단어는 본래 외모의 변화를 의미하는 표현이었습니다. 그런데 고후 3장 18절에서 신자들이 영이신 주의 사역으로 한 단계 더 영광스런 모습으로 그리스도를 닮아 간다는 표현으로 사용된 것을 고려한다면, 이 단어는 '내적 본성의 변화'를 의미하는 것으로 볼 수 있습니다. 다시 말씀드리자면, 그리스도를 알기 전에는 내적 본성이 마귀의 악한 세력의 지배를 받았지만, 그리스도를 믿음으로 영접한 자의 내적 본성은 이제 그리스도의 마음을 본받는 자가 되었다는 것입니다. 따라서 "마음을 새롭게 함으로 변화를 받아"라는 말씀은 이제 더 이상 마귀의 지배를 받지 말고, 그리스도의 말씀의 지배를 받는 삶으로 변화를 받아야 한다는 말씀입니다. 따라서 우리의 마음의 진정한 주인을 예수 그리스도로 모심으로 하나님께 예배하는 삶이 되어야 합니다.

세상사 가운데 내가 직접 하지 않아도 되는 일이 있고, 내가 아니면 누구도 대신해 줄 수 없는 일이 있습니다. 그리스도인에게 있어서 누구도 대신해 줄 수 없는 한 가지를 말하라면 그것은 바로 예배입니다. 오늘 내가 드리는 예배를 여러분이 할 수 있는 최고의 예배로 하나님께 드리십시오. 그 한 번의 예배가 여러분의 삶을 바꾸어 놓을 것입니다.

1 그러므로 형제들아 내가 하나님의 모든 자비하심으로 너희를 권하노니 너희 몸을 하나님이 기뻐하시는 거룩한 산 제물로 드리라 이는 너희가 드릴 영적 예배니라 2 너희는 이 세대를 본받지 말고 오직 마음을 새롭게 함으로 변화를 받아 하나님의 선하시고 기뻐하시고 온전하신 뜻이 무엇인지 분별하도록 하라

(롬 12:1~2)

예배에 생명 걸자

하나님께서는 이스라엘의 잘못된 예배를 책망하면서 회개를 촉구하는 말씀을 말라기 선지자를 통해 하셨습니다. 말라기 1장에서 "만군의 여호와가 이르노라"라는 말씀이 여러 번 반복될 정도로 하나님의 준엄한 책망이 이어지고 있습니다. 이는 이스라엘의 잘못된 예배 관행들 때문이었습니다. 이스라엘의 예배는 실패한 예배였습니다.

말라기 1장 7절에 하나님의 제단에 더러운 떡을 드렸다는 말씀이 나옵니다. 레위기에서 하나님께 제물을 드릴 때에는 흠 없는 것을 드려야 한다고 가르치고 있습니다. 하지만 이스라엘은 하나님의 제단에 눈먼 것, 저는 것, 병든 것을 드렸습니다. 하나님에 대한 공경과 두려움이 사라졌고, 하나님 앞에서 가증한 일을 행하고도 뻔뻔하게 하나님께 은혜와 축복을 구했습니다. 심지어는 하나님 앞에서 예배드리는 것이 번거롭다고 불평까지 했습니다. 하나님께서는 더 이상 이런 예배를 받지도 않을 것이며 기뻐하지도 않을 것이라고 말씀하셨습니다. 헛된 예배를 드리지 못하도록 성전 문을 닫을 사람이 있었으면 좋겠다고까지 말씀하고 계십니다. 이스라엘이 이렇게 예배에 실패하게 된 원인은 무엇일까요?

이스라엘의 예배는 겉으로는 아무런 문제가 없었습니다. 예배를 잘 드리는 것처럼 보였습니다. 하지만 이스라엘의 예배는 형식적이고, 타성에 젖은 예배였습니다. 마음이 담겨져 있지 않았기에 하나님께서 도저히 받으실 수 없는 예배였습니다. 예배라는 형식에 우리의 마음이 담겨져 있어야 합니다. 하나님께서는 외모가 아니라 중심을 보시는 분이십니다. 온 몸과 마음과 뜻과 정성이 담겨져 있는 예배만이 하나님을 기쁘시게 할 수 있고, 하나님께서 영광 받으시는 예배가 될 수 있습니다.

오늘 우리는 이스라엘의 실패를 교훈 삼아야 합니다. 우리의 예배를 되돌아보고, 하나님이 기뻐 받으시는 예배를 드리도록 힘써야 합니다. A.W. 토저는 "그리스도인들이 모든 일에 실패하는 것은 예배의 영광을 경험하지 못하는 것에 있다."고 말합니다. 우리의 마음과 정성이 담긴 예배, 준비된 예배로 예배의 영광을 경험합시다. 하나님께서 기뻐 받으시고 우리에게 놀라운 은혜와 축복으로 응답해 주실 것입니다.

> 6 내 이름을 멸시하는 제사장들아 나 만군의 여호와가 너희에게 이르기를 아들은 그 아버지를, 종은 그 주인을 공경하나니 내가 아버지일진대 나를 공경함이 어디 있느냐 내가 주인일진대 나를 두려워함이 어디 있느냐 하나 너희는 이르기를 우리가 어떻게 주의 이름을 멸시하였나이까 하는도다 7 너희가 더러운 떡을 나의 단에 드리고도 말하기를 우리가 어떻게 주를 더럽게 하였나이까 하는도다 이는 너희가 여호와의 식탁은 경멸히 여길 것이라 말하기 때문이라 8 만군의 여호와가 이르노라

너희가 눈 먼 희생제물을 바치는 것이 어찌 악하지 아니하며 저는 것, 병든 것을 드리는 것이 어찌 악하지 아니하냐 이제 그것을 너희 총독에게 드려 보라 그가 너를 기뻐하겠으며 너를 받아 주겠느냐 9 만군의 여호와가 이르노라 너희는 나 하나님께 은혜를 구하면서 우리를 불쌍히 여기소서 하여 보라 너희가 이같이 행하였으니 내가 너희 중 하나인들 받겠느냐 10 만군의 여호와가 이르노라 너희가 내 제단 위에 헛되이 불사르지 못하게 하기 위하여 너희 중에 성전 문을 닫을 자가 있었으면 좋겠도다 내가 너희를 기뻐하지 아니하며 너희가 손으로 드리는 것을 받지도 아니하리라 11 만군의 여호와가 이르노라 해 뜨는 곳에서부터 해 지는 곳까지의 이방 민족 중에서 내 이름이 크게 될 것이라 각처에서 내 이름을 위하여 분향하며 깨끗한 제물을 드리리니 이는 내 이름이 이방 민족 중에서 크게 될 것임이니라 12 그러나 너희는 말하기를 여호와의 식탁은 더러워졌고 그 위에 있는 과일 곧 먹을 것은 경멸히 여길 것이라 하여 내 이름을 더럽히는도다 13 만군의 여호와가 이르노라 너희가 또 말하기를 이 일이 얼마나 번거로운고 하며 코웃음치고 훔친 물건과 저는 것, 병든 것을 가져왔느니라 너희가 이같이 봉헌물을 가져오니 내가 그것을 너희 손에서 받겠느냐 이는 여호와의 말이니라 14 짐승 떼 가운데 수컷이 있거늘 그 서원하는 일에 흠 있는 것으로 속여 내게 드리는 자는 저주를 받으리니 나는 큰 임금이요 내 이름은 이방 민족 중에서 두려워하는 것이 됨이니라 만군의 여호와의 말이니라

(말 1:6~14)

삶을 좌우하는 예배

갈릴리로 가시던 예수님께서 사마리아를 통과하시다가 수가라는 마을에서 한 여인을 만났습니다. 그 수가성의 여인은 하나님을 지식적으로만 알고 있는 형식적이고 습관적인 종교인에 불과했습니다. 자신의 삶에서 기쁨과 만족을 얻을 수 없어 세상의 쾌락을 쫓아 살았습니다. 하지만 고독과 소외로 더 괴로워질 뿐이었습니다. 수가성의 여인은 진정한 치유와 회복, 영생과 구원이 하나님으로부터 온다는 것을 알지 못했습니다. 그 여인이 살고 있던 사마리아 지역의 사람들은 혼합 종교 속에서 참 구원이 무엇인지, 어디에서 오는지 알지도 못했을 뿐 아니라 맹목적으로 미신적인 예배를 드렸습니다. 그들은 참 예배의 대상이 누군지도 모르고, 어디에서 어떻게 예배를 드려야 하는지도 몰랐습니다.

예수님께서는 그들을 불쌍히 여기셔서 다가가시고 말씀을 통해서 참 예배가 무엇인지에 대해서 가르쳐 주고 계십니다. 예배의 주체는 하나님이시며 우리는 예배자입니다. 하나님을 제외한 어떤 피조물도 영광 받아서는 안 되고 예배의 대상이 될 수 없습니다. 이 세상의 피조물 중 하나님께 예배드릴 수 있는 존재는 오직 인간뿐입니다. 거룩하신 하나님 앞에서 우리의 몸과 마음과 뜻을 다해 예배드릴 때 그 자리는 하나님의 위엄과 능력을 덧입는 가장 영광스러운 자리가 될 것입니다. 참된 예배는 영과 진리로 드리는 것입니다. "하나님은 영이시니 예배하는 자가 영과 진리로 예배할지니라"(요 4:24)

우리는 예배를 드릴 때, 영으로 드려야 합니다. 하나님께서 천지만물을 지으실 때 사람을 지으시고, 사람에게 영을 부어주셨습니다. 우리가 받은 그 영으로 하나님 앞에 예배드려야 합니다. 예배는 삶으로 드려야 합니다. 입술로만 드리는 예배가 아니라 우리의 몸을 드릴 것을 주님께서 요구하십니다. 우리 삶 전체가 하나님께서 기뻐하시는 살아 있는 제물이 되어서 하나님 앞에 영광을 드러내야 합니다. 예배는 시간과 공간, 형식에 제한을 받지 않습니다. 화려한 성전이 아니더라도, 두세 사람이 모이더라도 주님 앞에 영과 진리로 예배할 때 하나님은 기뻐 받으십니다.

수가성의 여인은 우리의 자화상과도 같습니다. 외형적인 모습은 그럴듯한 신앙인 같지만, 기쁨과 감사, 치유와 회복이 없는 삶과 예배 가운데 무기력한 믿음 생활을 계속하고 있는 사람들을 상징합니다. 오늘 이 여인은 그가 찾던 예수 그리스도를 예배를 통해 만났습니다. 예수님을 만난 여인에게 심령의 영생수가 솟아나기 시작했고, 벅찬 감격과 기쁨을 경험한 것처럼, 우리도 예배 가운데 주님을 만날 때,

모든 문제는 사라지고 기쁨과 감사, 치유와 회복의 사건들이 일어날 것입니다. 이 회복의 축복이 여러분 모두에게 있기를 바랍니다.

16 이르시되 가서 네 남편을 불러 오라 17 여자가 대답하여 이르되 나는 남편이 없나이다 예수께서 이르시되 네가 남편이 없다 하는 말이 옳도다 18 너에게 남편 다섯이 있었고 지금 있는 자도 네 남편이 아니니 네 말이 참되도다 19 여자가 이르되 주여 내가 보니 선지자로소이다 20 우리 조상들은 이 산에서 예배하였는데 당신들의 말은 예배할 곳이 예루살렘에 있다 하더이다 21 예수께서 이르시되 여자여 내 말을 믿으라 이 산에서도 말고 예루살렘에서도 말고 너희가 아버지께 예배할 때가 이르리라 22 너희는 알지 못하는 것을 예배하고 우리는 아는 것을 예배하노니 이는 구원이 유대인에게서 남이라 23 아버지께 참되게 예배하는 자들은 영과 진리로 예배할 때가 오나니 곧 이 때라 아버지께서는 자기에게 이렇게 예배하는 자들을 찾으시느니라 24 하나님은 영이시니 예배하는 자가 영과 진리로 예배할지니라 25 여자가 이르되 메시야 곧 그리스도라 하는 이가 오실 줄을 내가 아노니 그가 오시면 모든 것을 우리에게 알려 주시리이다 26 예수께서 이르시되 네게 말하는 내가 그라 하시니라

(요 4:16~26)

성수 주일

하나님께서는 안식일을 거룩히 지키라고 하셨습니다. 우리가 언제 어디서나 예배할 수 있지만 특별히 날을 정해서 안식일을 지키라고 하신 데에는 이유가 있습니다. 하나님께서 안식일을 정하신 것은 한 주간 동안 세상사로 흐트러졌던 우리의 마음을 지상에서 천국으로, 세상을 향한 삶에서 하나님을 향한 삶으로 돌아올 수 있도록 조율하는 것이 필요함을 아셨기 때문입니다.

출애굽기 31장 13절에서는 사람이 안식일을 지키는 것을 가리켜서 하나님과 백성 사이의 표징이라고 말씀하고 있습니다. 안식일을 지키는 것은 우리가 하나님 백성됨의 증거라는 것입니다. 우리가 안식일을 거룩히 지킴으로써 세상 사람들과 구별되고, 하나님의 백성임을 세상에 알리는 것입니다. 성도는 어디를 가든지 믿는 자의 표를 나타내야 합니다. 자신이 하나님의 백성됨을 가정에서, 직장에서, 학교에서 구체적으로 드러내고 고백해야 합니다.

안식일을 존귀한 여호와의 성일로 지키기 위해 무엇이 필요할까요? 안식일은 내가 아닌, 인간이 아닌 여호와 하나님의 날입니다. 모든 것을 하나님 중심으로 해야 합니다. 엿새 동안 열심히 일하고, 생활하다가 거룩한 주일에는 주님 앞에 나와서 예배드리면서 말씀도 듣고, 성도 간의 신령한 교제도 나누고, 봉사하는 날이 되어야 합니다. 그러므로 다른 무엇보다도 주일을 지키는 것, 주일 성수하는 것이 가장 중요합니다. 바쁜 현대인들에게 주일 성수는 어려운 문제일 수 있습니다. 주일 성수로 인해 손해를 보거나 큰 어려움에 처할 수도 있지만 약속의 말씀을 믿고 이를 잘 극복해 내야 합니다. 안식일을 잘 지키는 자들에게는 하나님께서 복을 주십니다.

주일 성수를 통해서 우리가 누릴 수 있는 축복은 엄청난 것입니다. 매 주일 하나님 앞에 나와서 예배를 드릴 때 우리 마음속에 솟아나는 기쁨과 즐거움을 경험하십시오. 그리고 그 힘으로 세상 가운데 나아가 언제나 승리하시기를 바랍니다.

> 13 만일 안식일에 네 발을 금하여 내 성일에 오락을 행하지 아니하고 안식일을 일컬어 즐거운 날이라, 여호와의 성일을 존귀한 날이라 하여 이를 존귀하게 여기고 네 길로 행하지 아니하며 네 오락을 구하지 아니하며 사사로운 말을 하지 아니하면 14 네가 여호와 안에서 즐거움을 얻을 것이라 내가 너를 땅의 높은 곳에 올리고 네 조상 야곱의 기업으로 기르리라 여호와의 입의 말씀이니라
>
> (사 58:13~14)

진정한 예배

로마서는 크게 두 부분으로 나눌 수 있습니다. 1장부터 11장까지는 구원에 관한 이야기입니다. 어떻게 하면 구원받고, 그 일이 얼마나 크고 중요한 일인가? 영광스러운 일인가에 대해서 말합니다. 그리고 12장부터 16장까지는 그렇게 구원받은 백성들이 어떻게 살아야 하는가에 대해서 다루고 있습니다. 구원받은 자로서의 삶을 제대로 살기 위해서는 하나님 앞에서 예배하는 삶을 사는 것이 필요합니다.

예배는 구원받은 자가 가져야 할 삶의 본질입니다. 예배는 우리의 생명이 공급되는 생명선과도 같습니다. 그러므로 예배는 우리 삶의 중심이 되어야 합니다. 하지만 우리가 예배자의 삶을 올바로 살지 못할 때, 우리의 영혼은 시들게 되고, 하나님 없는 삶 가운데에서 타락과 패배의 삶을 살게 됩니다. 사도 바울은 진정한 예배에 대해서 말씀하면서 '모든 자비하심으로 권하노니'라는 표현을 쓰고 있습니다. 여기서 권한다는 것은 '팔을 비틀어서라도'의 뜻이라고 합니다. 물리적인 힘을 강제로 써서라도 그렇게 하게 해야 한다는 것입니다. 예배가 다른 어떤 것보다도 중요한 것이기 때문입니다.

그러므로 예배는 우리의 선택의 대상이 아닙니다. 누가 대신해 줄 수 있는 것도 아닙니다. 예배는 내가 하나님 앞에 직접 나아가서 몸으로 드리는 것으로 우리의 전인격을 하나님이 기뻐하시는 거룩한 산 제물로 드리는 것입니다. 이 말은 우리가 할 수 있는 최상의 상태, 최상의 조건에서 우리의 몸으로, 생각으로, 영혼으로 정성을 다해서, 준비된 예배를 드리라는 것입니다. 이 시간이 나의 마지막이라는 심정으로 말입니다. 그렇게 하나님 앞에 우리의 모든 것을 다 드릴 수 있을 때 우리는 진정한 예배를 드릴 수 있는 것입니다.

우리의 온 몸과 마음과 정성을 모아 하나님께 진정한 예배를 올려드립시다. 우리의 예배 가운데 하나님의 영광이 가득하고, 성령의 기름부음이 넘치고, 하나님의 임재를 경험하고, 치유와 회복의 역사가 일어나는 놀라운 은혜가 넘쳐날 것입니다.

> 1 그러므로 형제들아 내가 하나님의 모든 자비하심으로 너희를 권하노니 너희 몸을 하나님이 기뻐하시는 거룩한 산 제물로 드리라 이는 너희가 드릴 영적 예배니라 2 너희는 이 세대를 본받지 말고 오직 마음을 새롭게 함으로 변화를 받아 하나님의 선하시고 기뻐하시고 온전하신 뜻이 무엇인지 분별하도록 하라
>
> (롬 12:1~2)

찬양의 능력

　찬양은 신앙의 표현으로서, 우리가 하나님께 올려드리는 최고의 가치이자 제사입니다. 찬양의 목적은 하나님을 존귀히 여기고, 그분을 영화롭게 하는 것입니다. 시편 96편 4~5절 말씀을 보면 "여호와 외의 모든 신들은 다 우상이며 하나님만이 천지만물과 우리를 지으신 분이기 때문에 오직 찬양 받으실 분은 하나님밖에 없다"고 말씀하고 있습니다.

　찬양은 우리의 사명입니다. 이사야 43장 21절에는 "이 백성은 내가 나를 위하여 지었나니 나를 찬송하게 하려함이니라"고 말씀합니다. 우리가 오늘 여기 있는 것, 하루를 더 사는 것은 하나님을 찬양하기 위해서입니다. 나는 하나님을 찬양하기 위해 있는 존재라는 것을 알고 찬양해야 합니다. 또한 찬양은 아무나 부를 수 있는 것이 아니라 예수 믿고 구원받은 사람들만이 부를 수 있다는 사실을 알아야 합니다. 하나님께서는 우리를 너무나 사랑하셔서 독생자 예수를 이 땅에 보내셨고, 그 분의 죽음과 희생을 통해서 우리는 구원받고 새 생명을 얻게 되었습니다. 구원의 은혜와 하나님의 사랑에 감사한 마음을 가질 때 우리는 찬양하지 않을 수 없습니다.

그러므로 우리는 하나님을 찬양할 때 온 마음과 정성을 다해야 합니다. 성경은 손을 들어, 목소리를 높여, 손뼉 치며, 춤추며 찬양하라고 했습니다. 그렇게 할 때 하나님께서 영광 받으시고, 기뻐하십니다. 또한 우리는 새 노래로 찬양해야 합니다. 이것은 하나님께 찬양 드리는 자의 마음가짐에 대한 것입니다. 습관적으로 부르는 찬양이 아니라 하나님에 대한 새로운 인식과 이해, 믿음으로 드리는 찬양을 말합니다.

찬양에는 기적과 능력이 있습니다. 여호사밧 왕 때 모압과 암몬 연합군이 유다를 향해 쳐들어올 때 왕은 하나님께 간절히 기도했습니다. 하나님께서는 선지자 야하시엘을 통해서 전쟁이 하나님께 달려 있음을 알려 주시며, 찬양대를 만들어 군대 앞에서 행진하게 하셨습니다. 놀라운 일은 적군 가운데 자중지란이 일어나 스스로 전멸하게 되었다는 것입니다. 이 일은 찬양대가 찬양을 시작할 때 벌어졌습니다. 사도 바울은 빌립보 감옥에 갇혔으나 그가 찬양할 때 옥문이 열리고 착고가 풀어지는 일이 일어났습니다.

이처럼 어려운 일, 억울한 일, 해결할 수 없는 일이 일어날 때 하나님을 믿고, 의지하는 마음으로 찬양하십시오. 우리가 하나님께 간절히 찬양할 때 하나님께서 우리와 함께 해 주실 것입니다.

우리의 모든 삶과 예배의 자리에 뜨거운 찬양이 흘러 넘쳐서 하나님께 영광을 돌리고, 승리하는 여러분들 되시기를 바랍니다.

1 새 노래로 여호와께 노래하라 온 땅이여 여호와께 노래할지어다 2 여호와께 노래하여 그의 이름을 송축하며 그의 구원을 날마다 전파할지어다 3 그의 영광을 백성들 가운데에, 그의 기이한 행적을 만민 가운데에 선포할지어다 4 여호와는 위대하시니 지극히 찬양할 것이요 모든 신들보다 경외할 것임이여 5 만국의 모든 신들은 우상들이지만 여호와께서는 하늘을 지으셨음이로다 6 존귀와 위엄이 그의 앞에 있으며 능력과 아름다움이 그의 성소에 있도다 7 만국의 족속들아 영광과 권능을 여호와께 돌릴지어다 여호와께 돌릴지어다 8 여호와의 이름에 합당한 영광을 그에게 돌릴지어다 예물을 들고 그의 궁정에 들어갈지어다 9 아름답고 거룩한 것으로 여호와께 예배할지어다 온 땅이여 그 앞에서 떨지어다 10 모든 나라 가운데서 이르기를 여호와께서 다스리시니 세계가 굳게 서고 흔들리지 않으리라 그가 만민을 공평하게 심판하시리라 할지로다 11 하늘은 기뻐하고 땅은 즐거워하며 바다와 거기에 충만한 것이 외치고 12 밭과 그 가운데에 있는 모든 것은 즐거워할지로다 그 때 숲의 모든 나무들이 여호와 앞에서 즐거이 노래하리니 13 그가 임하시되 땅을 심판하러 임하실 것임이라 그가 의로 세계를 심판하시며 그의 진실하심으로 백성을 심판하시리로다

(시 96:1~13)

질서 있는 예배

하나님께서는 교회를 섬기고 세우기 위해서 방언, 예언, 가르침, 병 고침, 믿음 등 각양각색의 은사를 주셨습니다. 고린도 교회는 특별히 은사를 많이 받은 교회였습니다. 하지만 교인들은 서로 자신의 은사를 최고라 주장하며 싸우기 시작했습니다. 하나님께서 은사를 주신 것은 교회를 세우고, 하나님께 영광을 돌리게 하기 위함이었지만, 고린도 교회는 은사로 인해서 무질서와 혼란 가운데 빠지게 되었던 것입니다. 이 문제에 대해서 사도 바울은 "모든 것을 덕을 세우기 위해서 하라"(고전 14:26)고 권면하고 있습니다. 하나님의 은사는 모두 다 귀한 것이므로 비교하지 말고 자신의 은사를 교회를 허는 데 사용하는 것이 아니라 교회를 세우는 데 사용하라는 것입니다.

바울은 고린도전서에서 특별히 방언과 예언의 사용에 대해서 구체적으로 말씀하고 있습니다. 바울은 방언할 때 두세 사람까지만 하되, 통역할 사람이 있을 때에만 방언을 하도록 했습니다. 통역할 사람이 없을 때에는 교회에서는 잠잠하고 자기와 하나님께 말하라고 권면했습니다. 예언의 경우에도 두세 사람이 말하고, 다른 사람들은 이를 분별하도록 했습니다. 이 역시 예언을 질서 있게 행함으로써 혼란을 방지하기 위함이었습니다. 예배의 질서를 바로잡으라는 바울의 권면은 오늘날 우리에게도 적용됩니다. 예배 시간을 정확히 지키고, 약속된 순서에 따라서 예배를 드리고, 대표 기도를 너무 길게 하지 않고, 성령의 역사를 제한하지 않으면서도 절제하는 것 등등이 오늘날 우리가 예배의 질서를 바로잡기 위한 행동들이 될 수 있습니다.

하나님은 질서의 하나님입니다. 태초에 하나님께서는 혼돈과 공허 가운데에서 질서를 부여하심으로 천지창조를 시작하셨습니다. 그러므로 예배뿐만 아니라 우리의 삶, 우리가 살아가는 세상에도 질서가 필요합니다. 우리의 인생에도 질서가 필요합니다. 하루를 질서 있게 살기 위해서는 기도하는 가운데 우선순위를 정해야 하고, 한평생을 질서 있게 살기 위해서는 하나님이 내게 주신 삶의 목적에 따라서 살아야 합니다. 잘못된 꿈은 자신과 가족을 희생시키고 결국에는 인생을 무질서와 혼란으로 이끌게 됩니다. 예배에도, 사업에도, 공부에도, 부부지간에도, 사제지간에도 질서가 있고, 모든 생활을 질서 있게 행할 때 자기도 살고, 가정도 살고, 교회도 살고, 사회도 살게 됩니다. 하나님은 무질서의 하나님이 아니라 질서의 하나님이시기 때문입니다. 우리가 질서 있는 삶을 살게 될 때 우리는 화평을 누릴 것이라고 사도 바울은 말씀하고 있습니다.

모든 것을 질서 있게 행함으로 하나님이 주시는 화평의 복을 받아 누리시기 바랍니다.

26 그런즉 형제들아 어찌할까 너희가 모일 때에 각각 찬송시도 있으며 가르치는 말씀도 있으며 계시도 있으며 방언도 있으며 통역함도 있나니 모든 것을 덕을 세우기 위하여 하라 27 만일 누가 방언으로 말하거든 두 사람이나 많아야 세 사람이 차례를 따라 하고 한 사람이 통역할 것이요 28 만일 통역하는 자가 없으면 교회에서는 잠잠하고 자기와 하나님께 말할 것이요 29 예언하는 자는 둘이나 셋이나 말하고 다른 이들은 분별할 것이요 30 만일 곁에 앉아 있는 다른 이에게 계시가 있으면 먼저 하던 자는 잠잠할지니라 31 너희는 다 모든 사람으로 배우게 하고 모든 사람으로 권면을 받게 하기 위하여 하나씩 하나씩 예언할 수 있느니라 32 예언하는 자들의 영은 예언하는 자들에게 제재를 받나니 33 하나님은 무질서의 하나님이 아니시요 오직 화평의 하나님이시니라 모든 성도가 교회에서 함과 같이

(고전 14:26∼33)

참된 예배자

복음의 전도자

은혜 받은 자의 사명

믿음의 가정

믿는 자의 삶의 태도

이상적인 안디옥 교회

안디옥은 로마의 3대 도시 중의 하나로, 인구가 50만 명이나 되었고, 무역과 문화 교류가 활발한 곳이었습니다. 스데반의 순교 이후 시작된 예루살렘의 박해로 인해 쫓겨온 사람들 중 일부가 안디옥에 정착하였고, 이들의 복음 전도로 인하여 안디옥 교회가 세워지게 되었습니다. 안디옥 교회는 이방 땅에서 개척되었지만, 이방 선교의 중심지로서 이상적인 교회로 발전하게 되었습니다. 우리는 안디옥 교회의 어떤 점들을 본받아야 할까요?

첫째, 안디옥 교회는 모범적인 신앙생활을 했던 교회였습니다. 안디옥 교회는 바나바와 바울에 의해서 1년 밖에 가르침을 받지 않았지만, '그리스도인'이라고 불릴 만큼 뛰어난 신앙생활을 했습니다. 또한 예루살렘 흉년 소식을 듣고, 이를 위한 구제 활동을 했습니다.

둘째, 안디옥 교회는 훌륭한 지도자들이 있는 교회였습니다. 안디옥 교회에는 바나바와 바울뿐 아니라 여러 명의 선지자와 교사가 있었습니다. 이들은 각 처에서 모인 사람들로서 인종을 초월하여 주님을 위해 헌신한, 훈련된 사역자들이었습니다. 이들을 통해서 안디옥 교회가 더욱더 부흥 발전하였습니다.

셋째, 안디옥 교회는 성령님께서 역사하시는 교회였습니다. 안디옥 교회는 금식하며 예배할 때 성령의 음성을 듣게 되었습니다. 바나바와 바울을 안수하여 선교사로 파송하라는 것이었습니다. 이에 안디옥 교회는 성령님의 명령에 즉각적으로 순종했을 뿐 아니라, 파송의 절차 또한 매우 은혜로웠습니다.

넷째, 안디옥 교회는 선교하는 교회였습니다. 안디옥 교회는 최초의 선교사를 파송한 교회로서 이방 선교의 중심지가 되었습니다. 땅끝까지 복음을 전하라는 주님의 명령이 비로소 안디옥 교회에서 시작되었고, 그 사역이 잘 진행되도록 안디옥 교회가 아낌없이 후원하였습니다.

안디옥 교회가 바나바와 바울을 선교사로 보낸 것처럼, 우리도 보내는 선교사와 가는 선교사로 성령님께 부름 받았음을 기억해야 합니다.

> 1 안디옥 교회에 선지자들과 교사들이 있으니 곧 바나바와 니게르라 하는 시므온과 구레네 사람 루기오와 분봉 왕 헤롯의 젖동생 마나엔과 및 사울이라 2 주를 섬겨 금식할 때에 성령이 이르시되 내가 불러 시키는 일을 위하여 바나바와 사울을 따로 세우라 하시니 3 이에 금식하며 기도하고 두 사람에게 안수하여 보내니라 4 두 사람이 성령의 보내심을 받아 실루기아에 내려가서 거기서 배를 타고 구브로에 가서 5 살라미에 이르러 하나님의 말씀을 유대인의 여러 회당에서 전할새 요한을 수행원으로 두었더라
>
> (행 13:1~5)

복음 전파의 사명

예루살렘의 미문 곁에 있던 앉은뱅이를 고친 베드로와 요한에게 사람들이 몰려왔습니다. 사도들은 이들에게 예수 그리스도의 죽음과 부활에 대해 증언했습니다. 그러나 "제사장들과 성전 맡은 자와 사두개인들은 사도들이 백성들에게 예수 안에 죽은 자의 부활이 있다고 가르치고 전하는 것을 싫어했습니다." "싫어했다"는 말의 뜻은 '불쾌하다', '보복하다' 입니다. 즉 사도들이 예수의 복음을 전하는 것에 대해서 불쾌하게 여기고 있고, 이 때문에 보복할 수도 있다는 의미입니다. 이는 사도들의 복음 전파가 사도들에게 신변의 위협이나 큰 해를 불러올 수도 있는 위험한 일이 될 것이란 것을 미리 예고하는 것이기도 합니다. 예수님의 고난과 죽음을 그저 바라보아야만 했던 사도들은 그와 같은 일들이 자신들에게도 반복될 것이란 사실에 어쩌면 두려움과 위협을 느꼈을지도 모릅니다. 하지만 사도들은 조금도 위축됨이 없이 자신들에게 맡겨진 사도직을 감당했습니다. 성령께서 사도들과 함께 하시고 성령 충만함으로 말미암아 담대하게 복음을 전할 수 있었고, 놀라운 결과들이 나타나게 된 것입니다.

복음 전파에 대한 사명은 오늘을 살아가는 크리스천에게도 주어져 있습니다. 예수님의 지상 명령이기 때문입니다. 하지만 복음을 전하는 것은 결코 쉽지 않습니다. 예수님을 전할 때 수많은 저항과 핍박이 닥쳐옵니다. 오히려 더 큰 시험과 어려움이 몰려오기도 합니다. 하지만 우리에게는 전도자의 사명이 있기에 견디며 싸워 나가야 합니다. 어려움에도 낙심하지 말고, 포기하지 말아야 합니다. 때를 얻든지 못 얻든지 노력해야 합니다. 하나님께서 이길 수 있는 복음의 능력을 주실 것을 믿어야 합니다.

한 영혼을 사랑하는 마음으로 전도의 확신과 인내심을 가지고 복음을 전하시기 바랍니다. 눈물로 씨를 뿌리는 자는 정녕 기쁨의 단을 거두리라고 말씀하셨습니다. 먼 훗날 예수님을 미워하고 싫어했던 그분이 성경을 옆에 끼고 하나님의 전에서 충성스러운 자녀로 우뚝 서 있을 그날이 올 것을 기대하시면서 오늘도 복음 전파에 힘쓰시기 바랍니다.

1 사도들이 백성에게 말할 때에 제사장들과 성전 맡은 자와 사두개인들이 이르러 2 예수 안에 죽은 자의 부활이 있다고 백성을 가르치고 전함을 싫어하여

(행 4:1~?)

천하보다 귀한 생명

어떤 사람에게 두 아들이 있었습니다. 어느 날 둘째 아들이 아버지에게 자신이 받을 몫의 재산을 미리 달라고 해서 아버지는 재산을 나누어 주었습니다. 둘째 아들은 모든 재산을 가지고 멀리 다른 나라로 떠났고 방탕한 생활을 하다가 재산을 다 날려 버리고 말았습니다. 형편이 어려워진 둘째 아들은 돼지 치는 일을 하게 되었고, 돼지가 먹는 쥐엄나무 열매로라도 배를 채우고 싶었지만 그것마저 주는 사람이 없었습니다. 그는 곧 자신의 잘못을 깨닫게 되었고, 아버지께로 돌아가기로 했습니다. 둘째 아들이 집에 도착했을 때, 아버지는 아들이 아직 멀리 있는데도 그를 보자마자 달려가 아들을 끌어안고 입을 맞추었습니다. 그러나 아들은 아버지의 사랑 앞에 죄를 회개하며 아버지의 아들이 될 자격이 없다고 고백했습니다. 그렇지만 아버지는 아들을 용서했고, 그를 위해서 큰 잔치를 벌였습니다.

이 이야기에 등장하는 아버지의 마음은 어떤 마음이었을까요?

둘째 아들은 아버지를 버린 채 떠났고, 허랑방탕하여 아버지의 재산을 한 푼도 남김없이 탕진하게 되자, 초라하고 못난 모습으로 갈 곳

없어 찾아온 뻔뻔한 아들이었습니다. 이런 아들을 아버지는 왜 이렇게 환영하고 기뻐했을까요? 아버지에게 이 아들은 죽었다가 다시 살아난 아들, 잃었다가 다시 찾은 아들과 같았기 때문입니다. 천하보다 귀한 생명이기 때문에 아버지에게 아들은 그 존재만으로도 큰 기쁨이었습니다. 아버지는 그만큼 아들을 사랑한 것입니다.

사랑은 끌어안는 것입니다. 냄새나고 더러운 거지꼴의 아들일지라도 아버지는 잠시도 머뭇거리지 않고 목을 안고 입을 맞춥니다. 아버지의 사랑이 그것을 가능케 합니다. 마찬가지로 하나님 아버지도 우리를 사랑으로 끌어안아 주십니다. 우리가 어떠한 죄를 저질렀더라도, 우리의 삶이 탕자와 같을지라도 하나님께서는 아버지의 사랑으로 이 모든 것들을 용납하시고 끌어안아 주십니다.

하나님은 오늘도 또 다른 둘째 아들이 하나님 품으로 돌아오기를 기다리고 계십니다. 우리 주변에 하나님 아버지의 사랑을 알게 해 줄 사람이 있다면, 그들을 하나님께 인도해 주십시오. 하나님께서 그들을 사랑으로 끌어안아 주실 것입니다.

11 또 이르시되 어떤 사람에게 두 아들이 있는데 12 그 둘째가 아버지에게 말하되 아버지여 재산 중에서 내게 돌아올 분깃을 내게 주소서 하는지라 아버지가 그 살림을 각각 나눠 주었더니 13 그 후 며칠이 안 되어 둘째 아들이 재물을 다 모아 가지고 먼 나라에 가 거기서 허랑방탕하여 그 재산을 낭비하더니 14 다 없앤 후 그 나라에 크게 흉년이 들어 그가 비로소 궁핍한지라 15 가서 그 나라 백성 중 한 사람에게 붙여 사니 그가 그를 들로 보내어 돼지를 치게 하였는데 16 그가 돼지 먹는 쥐엄 열

매로 배를 채우고자 하되 주는 자가 없는지라 17 이에 스스로 돌이켜 이르되 내 아버지에게는 양식이 풍족한 품꾼이 얼마나 많은가 나는 여기서 주려 죽는구나 18 내가 일어나 아버지께 가서 이르기를 아버지 내가 하늘과 아버지께 죄를 지었사오니 19 지금부터는 아버지의 아들이라 일컬음을 감당하지 못하겠나이다 나를 품꾼의 하나로 보소서 하리라 하고 20 이에 일어나서 아버지께로 돌아가니라 아직도 거리가 먼데 아버지가 그를 보고 측은히 여겨 달려가 목을 안고 입을 맞추니 21 아들이 이르되 아버지 내가 하늘과 아버지께 죄를 지었사오니 지금부터는 아버지의 아들이라 일컬음을 감당하지 못하겠나이다 하나 22 아버지는 종들에게 이르되 제일 좋은 옷을 내어다가 입히고 손에 가락지를 끼우고 발에 신을 신기라 23 그리고 살진 송아지를 끌어다가 잡으라 우리가 먹고 즐기자 24 이 내 아들은 죽었다가 다시 살아났으며 내가 잃었다가 다시 얻었노라 하니 그들이 즐거워하더라

(눅 15:11~24)

눈을 들어 밭을 보라

　예수님께서 사마리아의 수가성 여인과 대화를 나누는 동안 음식을 구하러 갔던 제자들이 돌아왔습니다. 제자들이 예수님께 음식을 내어 놓자 예수님께서는 "내게는 너희가 알지 못하는 먹을 양식이 있느니라"(요 4:32)고 말씀하셨습니다. 예수님의 말씀에 제자들은 누가 음식을 드렸는지 의아해 합니다. 그러나 예수님의 양식은 '나를 보내신 이의 뜻을 행하여 그의 일을 온전히 이루는 것'이었습니다. 여기서 예수를 보내신 하나님의 뜻은 예수님을 통하여 사람들에게 복음을 전하여 구원을 이루는 것입니다. 결국 예수님께서 먹을 양식이라는 것은 사람들로 하여금 구원과 영생을 얻게 하는 것을 말합니다.

　예수님께서는 이어서 추수에 대해 말씀하시는데 추수는 영혼 구원을 말합니다. 사람을 구하는 일에는 정해진 기한이 따로 없는 것이기에 지체 말고 하루 빨리 추수해야 한다는 것입니다. 즉 그들에게 복음을 전해야 한다는 것입니다.

　이처럼 우리가 복음을 전해야 할 이유는 영혼의 구원입니다. 구원받은 우리는 품삯을 받았기에 명령에 순종해야 합니다. 영혼 구하는 일을 감당해야 하는 것입니다. 그렇게 우리가 열심히 영생에 이르는 열매를 모으면 뿌리는 자와 거두는 자가 함께 즐거워할 것이라 말씀하고 있습니다. 뿌리는 자와 거두는 자 모두 모여서 함께 잔치를 하는 기쁨의 자리에 들어가는 영광을 맛보게 되는 것입니다. 풍년이든 흉년이든 잔치는 이루어집니다. 잘했다고 자랑할 필요도 없고, 못했다고 부끄러워할 필요도 없습니다. 잘했거나, 못했거나 모두가 주님께서 이 잔치에 불러 주시기 때문에 기쁨의 자리에 들어가게 되는 것입니다. 다만 자기의 몫에 최선을 다하기만 하면 됩니다.

아직까지 추수에 참여하지 못했다면 지금이라도 눈을 똑바로 뜨고, 내 구원의 품삯을 다하여서 기쁨의 잔치에 참여하시기 바랍니다.

> 35 너희는 넉 달이 지나야 추수할 때가 이르겠다 하지 아니하느냐 그러나 나는 너희에게 이르노니 너희 눈을 들어 밭을 보라 희어져 추수하게 되었도다 36 거두는 자가 이미 삯도 받고 영생에 이르는 열매를 모으나니 이는 뿌리는 자와 거두는 자가 함께 즐거워하게 하려 함이라 37 그런즉 한 사람이 심고 다른 사람이 거둔다 하는 말이 옳도다 38 내가 너희로 노력하지 아니한 것을 거두러 보내었노니 다른 사람들은 노력하였고 너희는 그들이 노력한 것에 참여하였느니라
>
> (요 4:35~38)

복음에 빚진 자

예수님의 일생은 전도하는 생애였습니다.

"우리가 다른 가까운 마을들로 가자 거기서도 전도하리니 내가 이를 위하여 왔노라"(마 1:38)

이 말씀처럼 예수님께서 이 땅에 오신 분명한 목적은 전도입니다. 예수님은 전도를 위해서 오셨고, 사셨고, 돌아가셨습니다. 여러분은 어떻습니까? 복음 전하는 삶을 살고 있습니까?

하나님께서는 오직 성도에게만 전도할 수 있는 권한과 능력을 주셨습니다. 천사도 흠모할 만한 일이기에 전도에는 책임이 따릅니다. 예수님께서는 복음이 이 땅에 다 전해졌을 때 재림하시겠다고 제자들에게 말씀하셨습니다. 우리가 복음을 전하지 않으면 예수님도 이 땅에 오실 수 없습니다. 성도는 이 땅에서 마땅히 복음의 사람, 전도의 사람으로 살아야 하는 것입니다.

로마서에서 바울은 우리에게 복음의 사람, 전도의 사람이 되는 길에 대해서 알려 주고 있습니다. 바울은 빚진 자가 빚을 갚는 심정으로 복음을 전했습니다. 바울은 자신을 위해서 예수님께서 십자가에 돌아가신 것을 생각하면서 자기가 빚을 졌다고 표현하고 있습니다. 그런데 바울은 하나님께 빚졌다고 하지 않고, 자신이 만날 수 있는 모든 사람에게 빚졌기에 모든 사람들에게 갚아야 한다고 말하고 있습니다. 즉 예수님의 십자가를 통한 구원이 나에게 멈추는 것이 아니라 다른 사람에게 흘러가야 하기에 그것은 복음을 모르는 사람들에게 빚을 진 것과 같은 것이라 설명하고 있는 것입니다. 바울의 입장에서 보면 헬라인, 야만인, 지혜 있는 자, 어리석은 자는 민족적으로나 율법적으로 상대할 필요가 없는 사람들이었지만 오히려 바울은 이들을 전도의 대상으로 삼고 적극적으로 그들을 찾아갔습니다.

우리의 모습은 어떻습니까? 우리는 자기가 좋아하는 사람이나 복음 전하기 쉬운 사람을 선택하여 전도하고, 껄끄럽거나 부담되는 사람은 피하지 않습니까? 복음을 전하는 데 사람이나 성향을 가리지 말아야 합니다. 우리의 전도 대상자는 내가 껄끄러워하는 사람, 부담되는 사람, 원수와 같은 사람이라는 것을 명심해야 합니다. 그들에게 복음의 빚을 지고 있기 때문입니다. 복음은 영혼을 구원할 수 있는 하나님의 능력이 됩니다(롬 1:16).

이 사실을 믿는다면 부끄러워하지 말고 그들에게 복음을 전하십시오. 좋은 사람과 싫은 사람을 구별하지 말고, 내가 만나는 사람과 내가까이에 있는 사람에게 복음을 전하십시오. 복음만이 그들을 구원할수 있습니다. 때를 얻든지 못 얻든지 전하십시오. 우리가 빚진 자로서 힘써 복음 전하는 일을 하기만 하면 나머지는 하나님께서 다 책임져 주실 것입니다.

13 형제들아 내가 여러 번 너희에게 가고자 한 것을 너희가 모르기를 원하지 아니하노니 이는 너희 중에서도 다른 이방인 중에서와 같이 열매를 맺게 하려 함이로되 지금까지 길이 막혔도다 14 헬라인이나 야만인이나 지혜 있는 자나 어리석은 자에게 다 내가 빚진 자라 15 그러므로 나는 할 수 있는 대로 로마에 있는 너희에게도 복음 전하기를 원하노라 16 내가 복음을 부끄러워하지 아니하노니 이 복음은 모든 믿는 자에게 구원을 주시는 하나님의 능력이 됨이라 먼저는 유대인에게요 그리고 헬라인에게로다 17 복음에는 하나님의 의가 나타나서 믿음으로 믿음에 이르게 하나니 기록된 바 오직 의인은 믿음으로 말미암아 살리라 함과 같으니라

(롬 1:13∼17)

주님을 기쁘게 하는 사람들

한국 사회가 저출산과 고령화 사회 진입으로 어려움을 겪는 것처럼 한국 교회도 저출산, 고령화 문제로 인해 심각한 위기를 겪고 있습니다. 70~80년대의 부흥 주도 세대들이 고령화되는 반면에 새신자의 유입이 줄어들게 되어, 전도의 특단을 내리지 않는다면 한국 교회도 유럽 교회들처럼 교회당이 텅텅 비고, 성전이 다른 용도로 팔리게 될지도 모릅니다. 이제 전도는 더 이상 개인의 신앙적 양심에 맡길 일이 아니게 되었습니다. 교회, 기관, 소그룹, 개인 모두가 전도에 총진군해야 합니다.

이에 앞서 전도에 대한 우리의 생각부터 바꾸어야 합니다. 전도는 주님의 지상 명령인데, 우리는 이 지상 명령을 어명처럼 받아들여야 합니다. 세상의 왕이 명령을 하면 어명이라 하여 목숨을 바치고, 복종합니다. 하물며 천지만물을 지으시고 우리의 주인 되신 하나님께서 우리에게 지상 명령으로 남기신 것을 우리는 과연 순종하고 살았는지 질문을 해보게 됩니다. 우리는 주님의 명령에 순종하지 못한 것을 진심으로 회개하면서, 그 명령을 어명 이상의 수준으로 받아들이고, 순종해야 할 것입니다.

우리가 전도에 대해 알아야 할 것에는 어떤 것이 있을까요?

첫째, 전도는 주님을 기쁘시게 하는 것입니다. 세상에서도 한 가정에 새 생명이 태어났을 때 기쁜 것처럼, 하나님도 타락한 백성들, 하나님을 떠난 백성들이 돌아오는 것을 가장 기뻐하시고 좋아하십니다. 예수님께서 이 세상에 오신 목적도 영혼 구원이셨기에 이 땅에서 죽어가는 영혼들을 살리고, 그들이 하나님께 돌아오도록 하는 일에 힘쓰셨습니다. 사도 바울도 내 동족이 구원받는 일이라면 내 자신이 저주를 받아도 좋다고 고백할 만큼 영혼 구원을 중요하게 생각했습니다. 우리가 전도를 통해 많은 영혼들을 구원의 길로 인도할 때 주님께서 기뻐하십니다.

둘째, 전도는 천국과 지옥이 있기 때문에 해야 합니다. 하나님은 사랑과 긍휼이 많은 분이시지만, 심판하시는 하나님, 책임을 물으시는 하나님이십니다. 하나님을 모르고 우리 주님을 믿지 않으면 지옥에 갈 수밖에 없습니다. 우리가 전도해야 하는 이유는 바로 하나님의 심판이 있기 때문입니다.

셋째, 전도는 그리스도의 강력한 사랑 때문에 해야 합니다. 예수님은 우리를 위해서 하늘 보좌와 영광을 다 버리시고, 죄 없으신 분임에도 죄인들에 의해 십자가에 달려 돌아가셨습니다. 우리에게 베풀어 주신 그 사랑이 너무나 강력하기에 우리는 그 사랑을 전하지 않을 수 없습니다. 주님을 사랑한다고 하면서, 그 사랑을 전하지 않으면 사랑하는 것이 아닙니다.

주님의 강력한 사랑을 가지고, 아직도 그 사랑을 경험하지 못한 채 멸망의 길을 걷고 있는 뭇 영혼들을 향해 나아가십시오. 주님께서 기뻐하시는 일을 우리가 행함으로 우리와 함께 하실 것이며, 우리에게 하늘에 약속된 복들을 내려 주실 것입니다.

> 8 우리가 담대하여 원하는 바는 차라리 몸을 떠나 주와 함께 있는 그것이라 9 그런 즉 우리는 몸으로 있든지 떠나든지 주를 기쁘시게 하는 자가 되기를 힘쓰노라 10 이는 우리가 다 반드시 그리스도의 심판대 앞에 나타나게 되어 각각 선악간에 그 몸으로 행한 것을 따라 받으려 함이라 11 우리는 주의 두려우심을 알므로 사람들을 권면하거니와 우리가 하나님 앞에 알리어졌으니 또 너희의 양심에도 알리어지기를 바라노라 12 우리가 다시 너희에게 자천하는 것이 아니요 오직 우리로 말미암아 자랑할 기회를 너희에게 주어 마음으로 하지 않고 외모로 자랑하는 자들에게 대답하게 하려 하는 것이라 13 우리가 만일 미쳤어도 하나님을 위한 것이요 정신이 온전하여도 너희를 위한 것이니 14 그리스도의 사랑이 우리를 강권하시는도다 우리가 생각하건대 한 사람이 모든 사람을 대신하여 죽었은즉 모든 사람이 죽은 것이라 15 그가 모든 사람을 대신하여 죽으심은 살아 있는 자들로 하여금 다시는 그들 자신을 위하여 살지 않고 오직 그들을 대신하여 죽었다가 다시 살아나신 이를 위하여 살게 하려 함이라
>
> (고후 5:8∼15)

우리 밖에 있는 양

팔레스틴의 목자들은 해가 지면 양들을 불러 모아 우리에 들어가게 하고는 문을 잠그고 쉬게 합니다. 목자의 보호 속에 양들은 안전하지만, 우리 밖에 있는 양들은 맹수들의 위험에 처하게 됩니다. 이처럼 예수님은 선한 목자시고, 우리는 양입니다. 예수님께서는 우리 밖에 있는 양, 주인을 잃은 양에 대한 관심을 가지고 계십니다. 그 양들을 그냥 놔두게 되면 죽음의 위협에서 벗어나올 수가 없기 때문입니다. 예수님께서는 잃은 양들을 우리 안으로 불러 모으기 위하여 오늘도 애타게 잃은 양들을 찾고 계십니다.

예수님이 들어오라고 말씀하시는 그 '우리'는 특별한 의미를 가지고 있습니다. '우리'는 어떤 장소나 건물, 공간을 의미하지 않습니다. '우리'는 하나님과의 언약 관계를 말합니다. '우리'에 들어간다는 것은 하나님과의 언약 관계 안으로 들어간다는 것입니다. 하나님은 우리와 언약을 맺을 필요가 없음에도 불구하고, 우리를 구원하시겠다는 언약을 일방적으로 맺으셨습니다. 하나님의 언약은 예수님을 믿음으로 우리의 죄가 사하여지고, 우리를 하나님의 자녀로 삼아 영원히 보호하고, 책임지시겠다는 언약입니다. 인간의 입장에서 보면 엄청난 특혜가 주어진 언약이라고 할 수 있습니다. 우리의 의무는 예수님을 잘 믿고 순종하면 되는 것입니다.

여러분은 우리 안에 있습니까? 우리 밖에 있습니까? 하나님의 언약 안에 있습니까? 하나님의 언약 밖에 있습니까? 주님은 우리의 선한 목자이십니다. 우리를 사랑하기 때문에 목숨까지 내어 놓으신 분이십니다. 양이 목자에게 그 삶을 맡긴 것처럼 예수님께 우리의 인생을 다 맡기면 세상이 줄 수 없는 참 평안과 참 행복을 경험하게 될 것입니다. 우리의 삶을 윤택하게, 우리의 영혼을 부요하게 만들어 주실 것입니다. 세상의 우리가 아닌 주님이 만드신 우리 안으로 들어오십시오. 선한 목자 되신 주님께서 우리를 풍성함과 승리의 길로 인도해 주실 것입니다.

14 나는 선한 목자라 나는 내 양을 알고 양도 나를 아는 것이 15 아버지께서 나를 아시고 내가 아버지를 아는 것 같으니 나는 양을 위하여 목숨을 버리노라 16 또 이 우리에 들지 아니한 다른 양들이 내게 있어 내가 인도하여야 할 터이니 그들도 내 음성을 듣고 한 무리가 되어 한 목자에게 있으리라

(요 10:14~16)

고난의 공동체

사도 바울은 예수 그리스도의 지상 명령을 감당하기 위해서라면 어떠한 고난과 대가라도 치르겠다는 자세로 살았습니다. 그리고 그 아픔과 고통이 오히려 자기에게는 기쁨이 된다고 말했습니다. 바울은 그리스도의 남은 고난을 자신의 몸에 채우겠다고 고백했습니다.

그리스도의 남은 고난은 무엇일까요? 그리스도의 고난이 모든 사람을 구원하기에 불충분하고 불완전하다는 말일까요? 그렇지 않습니다. 예수님께서는 십자가의 고난을 통해서 우리를 죄에서 해방하셨고, 영생을 누리기에 조금도 부족함이 없는 완전한 구원을 이루셨습니다. 하지만 아직도 구원의 소식을 듣지 못한 많은 사람들이 있기 때문에 예수님의 고난은 끝나지 않았고, 진행 중에 있습니다. 그리고 그 남은 고난은 먼저 구원받은 우리 자신과 교회 공동체에 남겨진 몫입니다. 예수님께서 고난을 통해 우리를 구원하신 것처럼, 우리들도 구원의 소식을 전하기 위해서는 마땅히 고난과 박해를 감당하고 인내해야 합니다.

그러나 많은 사람들이 신앙생활을 할 때 자기가 받아 누릴 복만 생각합니다. 주님의 일을 행할 때 오는 고난과 핍박은 생각하지 않습니다. 이 말씀을 주목하십시오. "나와 복음을 위하여 집이나 형제나 자매나 어머니나 아버지나 자식이나 전토를 버린 자는 현세에 있어 집과 형제와 자매와 어머니와 자식과 전토를 백 배나 받되 박해를 겸하여 받고 내세에 영생을 받지 못할 자가 없느니라"(막 10:29~30)

주님을 위해서 모든 것을 다 드렸을 때 현세에서 백 배의 복을 받는 것과 동시에 박해도 받는다는 것을 명심해야 합니다. 주님을 위해 받을 박해를 생각지 않고, 현세의 복만을 누리려고 하는 것은 잘못된 것입니다. 바울은 이 비밀을 깨달았기에 현세의 복보다는 오직 그리스도가 전파되는 것, 한 영혼이 더 구원되는 일에 관심을 기울였고, 그 일을 기뻐했습니다. 지금 자신이 겪고 있는 고난과 비교할 수 없는 영광을 사모하며 죽음의 고비를 넘기고, 끝까지 남은 고난을 채우는 삶을 살았습니다.

주의 일을 하면서 고난을 당하고, 욕을 먹을 때 더 기뻐하면서 그 일을 감당하는 것이 참 신앙입니다. 시험과 고난이 닥쳐올 때 예수님의 고난을 생각하면서 여러분의 십자가를 묵묵히 지십시오. 십자가를 지는 것, 예수님의 고난에 참여하는 것은 축복이요, 기쁨이요, 영광입니다.

24 나는 이제 너희를 위하여 받는 괴로움을 기뻐하고 그리스도의 남은 고난을 그의 몸된 교회를 위하여 내 육체에 채우노라 25 내가 교회의 일꾼 된 것은 하나님이 너희를 위하여 내게 주신 직분을 따라 하나님의 말씀을 이루려 함이니라 26 이 비밀은 만세와 만대로부터 감추어졌던 것인데 이제는 그의 성도들에게 나타났고 27 하나님이 그들로 하여금 이 비밀의 영광이 이방인 가운데 얼마나 풍성한지를 알게 하려 하심이라 이 비밀은 너희 안에 계신 그리스도시니 곧 영광의 소망이니라 28 우리가 그를 전파하여 각 사람을 권하고 모든 지혜로 각 사람을 가르침은 각 사람을 그리스도 안에서 완전한 자로 세우려 함이니 29 이를 위하여 나도 내 속에서 능력으로 역사하시는 이의 역사를 따라 힘을 다하여 수고하노라

(골 1:24~29)

전도는 특권입니다

부활하신 예수님께서 실의에 빠져 있는 제자들을 찾아오셨습니다. 그리고 그들을 위로하시면서 새로운 비전을 제시하셨습니다. "너희는 가서 모든 민족을 제자로 삼아 아버지와 아들과 성령의 이름으로 세례를 베풀고 내가 너희에게 분부한 모든 것을 가르쳐 지키게 하라"(마 28:19~20) 이 말씀은 모든 지상의 교회가 실행해야 할 주님의 마지막 말씀입니다. 우리는 이 말씀을 지상 명령이라고 부릅니다. 한 마디로 요약한다면 전도하라는 말씀입니다.

세상에는 사람을 살릴 수 있는 여러 가지 일들이 있습니다. 그 중에서도 가장 귀한 일이 있다면 그것은 바로 영혼을 살리는 일입니다. 우리 주님께서는 이 귀한 일들을 다른 사람이 아닌 우리들에게 직접 맡겨 주셨습니다. 전도의 특권을 우리에게 위임하신 것입니다. 전도는 아무나 할 수 있는 것이 아닙니다. 전도는 천사가 하는 것도 아니고, 하나님이 직접 하시는 것도 아니고, 먼저 구원받은 자를 통해서만 이루어집니다. 구원받은 자만이 전도할 수 있는 것입니다. 먼저 믿은 자가 전하지 않으면 구원의 기쁜 소식은 전해지지 않습니다.

그러므로 우리는 전도의 특권을 받은 자로서 누구보다도 전도에 앞장서야 합니다. 하나님께서 전도의 특권을 우리에게 주셨기에 우리가 전도에 힘쓸 때 하나님께서 함께하시고, 모든 것을 책임져 주십니다. 우리에게 합당한 힘과 능력을 부어주십니다. 하지만 그럼에도 불구하고 전도에는 큰 수고가 따릅니다. 아이를 낳을 때 해산의 수고가 따르듯이, 영적 해산에도 수고와 고통이 따릅니다. 한 영혼을 품고, 그 영혼을 위해서 지속적으로 관심과 사랑을 가지면서 기도해야 합니다. 항상 성령님께 의지하고, 그분의 도우심을 구해야 합니다. 이러한 수고와 노력, 눈물의 기도를 통해서만 영적 생명이 탄생할 수 있는 것입니다. 그러므로 한 영혼을 위해 기도하고 계신다면 포기하지 말고, 계속 품으시기를 바랍니다. 하나님이 그 영혼을 내게 맡기신 줄 알고 참고 인내하시기 바랍니다. 우리가 뿌린 눈물의 씨앗이 열매를 맺어 기쁨의 단이 되어 우리에게 돌아올 것입니다.

> 18 예수께서 나아와 말씀하여 이르시되 하늘과 땅의 모든 권세를 내게 주셨으니 19 그러므로 너희는 가서 모든 민족을 제자로 삼아 아버지와 아들과 성령의 이름으로 세례를 베풀고 20 내가 너희에게 분부한 모든 것을 가르쳐 지키게 하라 볼지어다 내가 세상 끝날까지 너희와 항상 함께 있으리라 하시니라
>
> (마 28:18~20)

참된 예배자

복음의 전도자

은혜 받은 자의 사명

믿음의 가정

믿는 자의 삶의 태도

하늘 문을 열고 부어주시는 하나님의 복

말라기 선지자의 시대에 이스라엘 백성들은 하나님의 부재를 경험했습니다. 하나님께서 이스라엘을 떠난 이유는 하나님의 것을 도둑질했기 때문이었습니다. 이스라엘 백성들은 하나님 앞에 나올 때 하나님께서 기뻐 받으실 수 없는 것을 예물로 드렸습니다. 그들이 하나님 앞에 드린 것은 병든 것, 눈먼 것, 저는 것이었습니다. 하나님께 온전한 것을 드려야 했지만, 이스라엘 백성들은 하나님을 속이고, 하나님을 업신여겼습니다. 하나님께서는 이스라엘 백성들의 악함을 용서하지 않으셨고, 민족적인 저주를 받게 될 것이라고 말씀하셨습니다.

그러나 하나님께서는 축복의 말씀 또한 하셨습니다. 우리가 온전한 십일조를 드릴 때, 복을 쌓을 곳이 없도록 붓지 아니하나 보라고 말씀하셨습니다. 하나님께서는 소득의 십일조를 바치는 것을 축복의 첩경이라고 말씀하셨습니다. 물질의 축복을 받는 지름길이 십일조라는 것입니다. 심지 않고 거둘 수 없듯이 신앙도 심는 대로 거두게 되어 있습니다. 재물과 하나님을 겸하여 섬길 수가 없듯이 하나님을 사랑한다고 고백하면서도 온전한 십일조를 드릴 수 없다면, 온전한 사랑이라고 말할 수 없습니다. 구원받은 성도, 하나님의 자녀로서의 출발은 십일조로부터 시작됩니다. 우리는 세례를 받을 때 온전한 십일조를 드리겠다고 서약합니다. 많은 신앙인들이 하나님과의 이 약속을 대수롭지 않게 생각하지만 하나님께서는 이 약속을 기억하고 계심을 명심해야 합니다. 오늘도 수많은 믿음의 사람들이 온전한 십일조 생활을 통하여 하나님의 놀라운 축복을 경험하고 있습니다. 우리도 온전한 십일조 생활을 통하여 하나님을 기쁘시게 하고, 하늘 문을 여시고 부어주시는 놀라운 축복들을 날마다 경험할 수 있기를 기대합니다.

7 만군의 여호와가 이르노라 너희 조상들의 날로부터 너희가 나의 규례를 떠나 지키지 아니하였도다 그런즉 내게로 돌아오라 그리하면 나도 너희에게로 돌아가리라 하였더니 너희가 이르기를 우리가 어떻게 하여야 돌아가리이까 하는도다 8 사람이 어찌 하나님의 것을 도둑질하겠느냐 그러나 너희는 나의 것을 도둑질하고도 말하기를 우리가 어떻게 주의 것을 도둑질하였나이까 하는도다 이는 곧 십일조와 봉헌물이라 9 너희 곧 온 나라가 나의 것을 도둑질하였으므로 너희가 저주를 받았느니라 10 만군의 여호와가 이르노라 너희의 온전한 십일조를 창고에 들여 나의 집에 양식이 있게 하고 그것으로 나를 시험하여 내가 하늘 문을 열고 너희에게 복을 쌓을 곳이 없도록 붓지 아니하나 보라 11 만군의 여호와가 이르노라 내가 너희를 위하여 메뚜기를 금하여 너희 토지 소산을 먹어 없애지 못하게 하며 너희 밭의 포도나무 열매가 기한 전에 떨어지지 않게 하리니 12 너희 땅이 아름다워지므로 모든 이방인들이 너희를 복되다 하리라 만군의 여호와의 말이니라

(말 3:7~12)

영적 예배로서의 교회 봉사

교회는 주님의 몸이기 때문에 주님을 잘 섬기기 위해서는 교회를 잘 섬겨야 합니다. 또한 교회를 잘 섬기는 것은 그 안에 있는 성도들을 섬기는 것입니다. 우리는 그리스도 안에서 한 몸이 되어 지체가 되었기 때문입니다. 이것을 위해서 하나님께서 우리에게 은사를 주셨고, 내가 받은 그 은사대로 겸손하게 섬기도록 하셨습니다. 그래서 우리가 교회를 잘 섬기면 결국 하나님이 기뻐하시는 거룩한 산 제사를 드리게 되는 것입니다.

그렇다면 우리는 교회에서 어떻게 봉사해야 할까요?

첫째, 남이 내게 해 주기를 먼저 바라는 것이 아니라 내가 먼저 해야 합니다. 봉사할 일이 내 눈에 보이면 성령님께서 하라고 하신 줄 알고 내가 먼저 해야 합니다. 누가 해 주는 것을 기다리는 것은 성령을 거스르는 것입니다.

둘째, 형제를 사랑하는 마음으로 봉사해야 합니다. 아무리 큰 봉사와 섬김, 희생을 해도 그 바탕에 사랑이 없으면 아무 소용이 없습니다. 그리스도인의 봉사는 형제 사랑으로부터 출발해야 합니다.

셋째, 열심을 품고 주를 섬겨야 합니다. 주님께서는 우리가 차지도 뜨겁지도 않은 신앙이 아니라 뜨겁고 열정적인 신앙을 가지기를 원하십니다. 기도할 때, 찬송할 때, 봉사할 때 열심을 가지고 해야 합니다. 행복과 성공의 열쇠는 열심입니다. 신앙 생활은 물론이고, 가정 생활과 직장 생활에서도 열심을 다하십시오.

넷째, 힘들고 어려워도 참고 봉사해야 합니다. 현실이 너무 어렵기 때문에 먹을 것, 입을 것, 쓸 것을 제대로 못하면서 주를 위해 봉사하니 얼마나 힘들겠습니까? 하지만 하나님 앞에서 받을 상급을 생각하면 아무리 큰 어려움이 있어도, 다시 일어나, 힘든 줄 모르고 봉사하게 되는 줄 믿습니다. 또한 살다 보면 괴로움과 어려움이 있기 마련입니다. 특히 교회 일을 하다 보면 억울함과 오해를 경험하기도 합니다. 하지만 예수님께서 우리의 구원을 위해서 끝까지 참으신 것처럼 우리도 이기기 위해서 끝까지 참아야 합니다. 여러분이 가지고 있는 문제들을 하나님 앞에 가지고 나와 간절히 기도하십시오. 이길 수 있는 힘과 피할 길을 주실 것입니다.

다섯째, 나누어 주며 봉사해야 합니다. 우리는 누구든지 성도들의 쓸 것을 공급해 주어야 합니다. 초대교회 당시의 로마 교회의 구성원들은 가난했습니다. 교회로 몰려오는 소외 계층의 사람들에게 생필품과 잠자리를 제공했습니다. 우리도 어렵고 힘든 사람들을 도와야 합니다. 우리가 하나님 앞에 갔을 때 기억하시고, 상 주실 것입니다.

교회가 건강하기 위해서는 봉사해야 합니다. 봉사하지 않으면 나도 모르게 신앙이 병들게 되고, 성도가 병들면 교회도 저절로 병들게 됩니다. 교회 봉사를 통하여 믿음이 자라나고, 힘이 생기고, 기쁨과 보람을 얻게 됩니다.

9 사랑에는 거짓이 없나니 악을 미워하고 선에 속하라 10 형제를 사랑하여 서로 우애하고 존경하기를 서로 먼저 하며 11 부지런하여 게으르지 말고 열심을 품고 주를 섬기라 12 소망 중에 즐거워하며 환난 중에 참으며 기도에 항상 힘쓰며 13 성도들의 쓸 것을 공급하며 손 대접하기를 힘쓰라

(롬 12:9〜13)

받은 사명을 위하여

사람은 사명으로 살아가는 존재입니다. 이 세상에 사명이 없는 사람은 없습니다. 누구나 사명을 가지고 이 땅에 왔습니다. 그러므로 우리가 자신의 사명을 발견하는 것은 인생에 있어서 매우 중요한 일입니다. 자기의 사명을 발견한 사람은 인생의 목적이 뚜렷하고, 인생의 차원이 매우 깊어지며, 자신의 인생을 소중히 여기고, 감사하는 자세로 삶을 살아가기 때문입니다. 하지만 사명이 없는 사람은 인생의 목적을 모르기 때문에 자신의 일을 의미 없는 노동으로 여기기 쉽습니다. 자신의 인생을 책임지지 않고 다른 사람이나 환경, 운명에 자기 자신을 맡겨 버리기도 합니다.

우리는 특별히 하나님으로부터 사명을 받은 사람입니다. 그런 사람을 가리켜서 크리스천이라고 부릅니다. 크리스천은 예수 그리스도를 대표해서 이 땅에 보냄 받은 사람입니다. 크리스천은 주의 복음을 위해서, 주를 기쁘시게 하기 위해서 세상 한복판에 떨어뜨려진 사람들입니다. 크리스천은 하나님의 사명을 위해서 수고하고, 헌신하는 사람들로서 인생의 목표가 분명한 사람들입니다. 물론 그 사명을 감당해 나가는 것은 결코 쉽지 않습니다. 바울이 고백한 것처럼 그 사명 앞에는 결박과 환난, 시험이 기다리고 있습니다. 하지만 바울은 자신의 사명이 이방인을 위한 사도임을 알았기에 행복하게 그 일을 감당할 수 있었습니다. 바울은 자신의 생명조차 조금도 귀하게 여기지 않는다고 고백할 만큼 자신의 사명을 귀하고, 영광스럽게 생각했습니다.

우리가 사명에 대해서 말할 때 주의해야 할 것은 크고 거창한 일만을 사명으로 여겨서는 안 된다는 것입니다. 사실 우리가 하는 많은 일들은 위대한 일이 아니고, 작고 소소한 일이 대부분입니다. 때로는 아무것도 아닌 하찮은 일처럼 보일 때도 있습니다.

하지만 우리에게 주어진 일은 크든 작든 다 중요하고 의미가 있다는 것을 명심해야 합니다. 내가 어떤 일을 하든지 간에 그 일이 하나님께서 내게 맡기신 일이기 때문입니다. 지극히 평범한 일이 가치 있는 일이며 하나님의 나라를 위한 큰일이라는 것을 깨닫고, 그 일에 자부심을 가져야 합니다.

나에게 주어진 사명이 무엇인지 깨닫고, 그 사명을 위해서 책임지고, 최선을 다하는 삶이야말로 성공적인 삶, 행복한 삶입니다. 주님께 받은 사명을 최선을 다해 날마다 이루어가시는 아름다운 성도의 삶이 되기를 바랍니다.

17 바울이 밀레도에서 사람을 에베소로 보내어 교회 장로들을 청하니 18 오매 그들에게 말하되 아시아에 들어온 첫날부터 지금까지 내가 항상 여러분 가운데서 어떻게 행하였는지를 여러분도 아는 바니 19 곧 모든 겸손과 눈물이며 유대인의 간계로 말미암아 당한 시험을 참고 주를 섬긴 것과 20 유익한 것은 무엇이든지 공중 앞에서나 각 집에서나 거리낌이 없이 여러분에게 전하여 가르치고 21 유대인과 헬라인들에게 하나님께 대한 회개와 우리 주 예수 그리스도께 대한 믿음을 증언한 것이라 22 보라 이제 나는 성령에 매여 예루살렘으로 가는데 거기서 무슨 일을 당할는지 알지 못하노라 23 오직 성령이 각 성에서 내게 증언하여 결박과 환난이 나를 기다린다 하시나 24 내가 달려갈 길과 주 예수께 받은 사명 곧 하나님의 은혜의 복음을 증언하는 일을 마치려 함에는 나의 생명조차 조금도 귀한 것으로 여기지 아니하노라

(행 20:17~24)

착하고 충성된 종

어떤 주인이 타국에 가면서 자신의 종들을 불러 그 재능에 따라 각각 다섯 달란트, 두 달란트, 한 달란트를 맡겼습니다. 오랜 후에 주인이 돌아와서 결산을 하게 되었습니다. 다섯 달란트 받은 사람은 장사를 하여 다섯 달란트를 남겼고, 두 달란트 받은 사람도 장사를 하여 두 달란트를 남겼습니다. 하지만 한 달란트 받은 사람은 땅을 파고 돈을 감추어 두었습니다.

주인은 장사를 하여 달란트를 남긴 종들을 칭찬했습니다. "잘하였도다. 착하고 충성된 종아 작은 일에 충성하였으니 내가 많은 것을 네게 맡기리니 네 주인의 즐거움에 참여할지어다."(21. 23) 착하고 충성된 종들은 주인의 명령에 즉시 순종하였습니다. 늑장 부리지도 미루지도 않았습니다. 자신에게 맡겨진 일을 중요하게 여겼고, 그 일에 최선을 다했습니다. 그 결과 주인의 칭찬과 동시에 그들에게는 더 큰일이 주어졌습니다. 주인의 신뢰를 얻게 된 것입니다.

하지만 악하고 게으른 종은 주인의 혹독한 꾸짖음을 들어야만 했습니다. 악하고 게으른 종은 주인의 뜻을 생각하지 않고, 자신의 입장만 생각했습니다. 장사를 해서 이익을 남겨야 함에도 불구하고, 주인

의 기대와는 상관없이 자기 방식대로 일처리를 했습니다. 한 달란트
는 당시 이스라엘에서는 큰돈이었습니다. 3년 반 동안을 열심히 일해
야만 가질 수 있는 돈입니다. 주인이 종에게 그렇게 큰돈을 맡겼는데
도 불구하고 주인의 뜻을 생각지 않고, 자기에게 주어진 일을 감당하
지 않고, 책임을 지지 않은 것은 잘못된 것입니다.

달란트 비유에서 주인은 예수님을, 종은 제자들과 믿는 성도들을 뜻
합니다. 주인이 종들에게 달란트를 맡겼다는 것은 예수님께서 제자들
과 믿는 성도들에게 주의 몸된 교회를 부탁하셨다는 것을 뜻합니다.
구체적으로는 복음 전파의 사명, 여러 가지 은사와 직분들을 우리 한
사람 한 사람에게 맡기셔서 그 일들을 감당케 하셨다는 것입니다. 그
리고 주인이 돌아와서 계산하는 것은 예수님의 재림을 의미합니다.
재림 때 예수님께서는 세상의 심판자로 오십니다. 우리가 그분 앞에
설 때 주인 앞에서 달란트를 계산한 것처럼 우리도 우리가 받은 직분
과 사명들을 얼마나 잘 수행했는지 계산해야 합니다. 우리에게 주어
진 직분, 은사, 사역, 물질들을 어떻게 사용했는지에 대해서 주님께
서 반드시 물을 것입니다. 그때 주님께 자신 있게 그 결과물들을 내어
놓을 수 있는 사람들이 되어야 합니다.
주님께서 우리에게 맡겨주신 직분과 사명을 다시 한 번 생각하면서
우리 모두가 착하고 충성된 종의 모습으로 주님 앞에 설 수 있기를 바
랍니다.

14 또 어떤 사람이 타국에 갈 때 그 종들을 불러 자기 소유를 맡김과 같으니 15 각각 그 재능대로 한 사람에게는 금 다섯 달란트를, 한 사람에게는 두 달란트를, 한 사람에게는 한 달란트를 주고 떠났더니 16 다섯 달란트 받은 자는 바로 가서 그것으로 장사하여 또 다섯 달란트를 남기고 17 두 달란트를 받은 자도 그같이 하여 또 두 달란트를 남겼으되 18 한 달란트 받은 자는 가서 땅을 파고 그 주인의 돈을 감추어 두었더니 19 오랜 후에 그 종들의 주인이 돌아와 그들과 결산할새 20 다섯 달란트 받았던 자는 다섯 달란트를 더 가지고 와서 이르되 주인이여 내게 다섯 달란트를 주셨는데 보소서 내가 또 다섯 달란트를 남겼나이다 21 그 주인이 이르되 잘 하였도다 착하고 충성된 종아 네가 적은 일에 충성하였으매 내가 많은 것을 네게 맡기리니 네 주인의 즐거움에 참여할지어다 하고 22 두 달란트 받았던 자도 와서 이르되 주인이여 내게 두 달란트를 주셨는데 보소서 내가 또 두 달란트를 남겼나이다 23 그 주인이 이르되 잘 하였도다 착하고 충성된 종아 네가 적은 일에 충성하였으매 내가 많은 것을 네게 맡기리니 네 주인의 즐거움에 참여할지어다 하고 24 한 달란트 받았던 자는 와서 이르되 주여 당신은 굳은 사람이라 심지 않은 데서 거두고 헤치지 않은 데서 모으는 줄을 내가 알았으므로 25 두려워하여 나가서 당신의 달란트를 땅에 감추어 두었었나이다 보소서 당신의 것을 가지셨나이다 26 그 주인이 대답하여 이르되 악하고 게으른 종아 나는 심지 않은 데서 거두고 헤치지 않은 데서 모으는 줄로 네가 알았느냐 27 그러면 네가 마땅히 내 돈을 취리하는 자들에게나 맡겼다가 내가 돌아와서 내 원금과 이자를 받게 하였을 것이니라 하고 28 그에게서 그 한 달란트를 빼앗아 열 달란트 가진 자에게 주라 29 무릇 있는 자는 받아 풍족하게 되고 없는 자는 그 있는 것까지 빼앗기리라 30 이 무익한 종을 바깥 어두운 데로 내쫓으라 거기서 슬피 울며 이를 갈리라 하니라

(마 25:14~30)

하나님과의 결산

고린도 교회는 은사를 많이 받은 교회였지만, 말씀의 뿌리가 약해서 분란과 분쟁이 그치지 않았습니다. 고린도 교회는 바울파, 아볼로파, 게바파, 그리스도파로 나뉘어서 서로 옳다고 주장했습니다. 바울은 시기와 분쟁으로 인해 어려움에 처해 있는 고린도 교회의 소식을 듣고 권면의 편지를 썼습니다. 서로 판단하지 말 것을 교훈하면서 그리스도인으로서의 정체성을 분명히 할 것을 권면했습니다. 바울은 그리스도인을 그리스도의 일꾼이요, 하나님으로부터 비밀을 맡은 자라고 정의했습니다. 그러므로 그리스도의 일꾼, 하나님의 비밀을 맡은 자로서 세상의 명예나 권세, 그 밖의 어떤 것을 가지고 분쟁과 싸움을 일으켜서는 안 된다고 가르쳤습니다. 그리스도인이 해야 할 일은 사명을 가지고 하나님의 복음을 전하고, 하나님 나라 확장에 앞장서는 것입니다. 그리고 나서 때가 되면 하나님 앞에서 우리가 했던 일들을 판단 받고 결산하면 되는 것입니다.

맡은 자들에게 구할 것은 충성이라고 말씀합니다. 하나님은 우리에게 맡겨주셨고, 우리는 맡은 자로서 주인의 모든 것을 관리하고 관장

하는 사람입니다. 청지기요, 일꾼입니다. 충성이란 말은 믿음과 어원이 같습니다. 충성스럽다는 것은 '진실하다, 신실하다, 믿을만하다'는 뜻입니다. 그러므로 우리는 자신을 되돌아보며 질문을 던져야 합니다. 하나님께서 내게 맡겨주신 일에 얼마나 충성스럽게 일했는가? 교회를 위해서 내게 직분을 주셨는데, 그 직분을 얼마나 잘 감당했는가? 이런 질문들에 답을 잘 못하더라도 이제부터 남은 삶을 하나님 안에서 후회 없이 산다면 성공적인 마무리가 될 것입니다.

언제나 그리스도의 일꾼이요, 하나님으로부터 비밀을 맡은 자로서 부끄럽지 않은 삶을 살아가는 충성스런 종이 되시기를 바랍니다.

1 사람이 마땅히 우리를 그리스도의 일꾼이요 하나님의 비밀을 맡은 자로 여길지어다 2 그리고 맡은 자들에게 구할 것은 충성이니라 3 너희에게나 다른 사람에게나 판단 받는 것이 내게는 매우 작은 일이라 나도 나를 판단하지 아니하노니 4 내가 자책할 아무 것도 깨닫지 못하나 그러나 이로 말미암아 의롭다 함을 얻지 못하노라 다만 나를 심판하실 이는 주시니라 5 그러므로 때가 이르기 전 곧 주께서 오시기까지 아무 것도 판단하지 말라 그가 어둠에 감추인 것들을 드러내고 마음의 뜻을 나타내시리니 그 때에 각 사람에게 하나님으로부터 칭찬이 있으리라

(고전 4:1〜5)

하모니

　여럿이 함께 어떤 일을 할 때 하모니를 이루는 것이 중요합니
다. 아무리 잘살아도 관계가 깨어지면 고통입니다. 이혼과 자살의 문
제, 우리 사회의 대립과 갈등은 모두 나와 너의 하모니를 잘 이루지
못해서 생기는 문제들입니다.

　진정한 하모니의 삶이 무엇인지 깨닫고, 이 땅에서 천국의 기쁨을
누리고 살아갈 수 있기를 바랍니다.

　하나님 아버지를 모시고 살아가고 있는 우리 믿음의 형제들은 각각
개성과 성격이 다르고 각기 고유함을 지니고 있음에도 불구하고, 주
님 안에서 형제, 자매가 되어 함께 어울려 살아야 합니다. 그리고 우
리가 그렇게 살아갈 때, 그 모습이 아름답다고 주님은 말씀하십니다.

　특별히 우리가 신앙생활을 잘하려면 나와 하나님 사이에 하모니가
잘 이루어져야 합니다. 예수님을 나의 주인으로 고백하면서 바른 관
계를 가지려면 코람데오(하나님 앞에서)의 신앙을 가지고 하나님 앞에
서 온전한 삶을 살아야 합니다. 또한 주님 앞에 나 혼자 서 있는 것이
아니라 우리 모두가 공동체로 주님 앞에 서 있다는 사실을 기억해야

합니다. 이것은 나와 하나님과의 하모니도 중요하지만, 나와 이웃과의 하모니도 중요하다는 것을 말합니다. 예수님께서 십자가에서 종적인 관계(하나님과 우리)뿐만 아니라 횡적인 관계(이웃과 우리)까지 회복시키신 것처럼 주님의 사랑으로 하나님과의 관계뿐만 아니라 이웃과의 관계도 회복해야 합니다. 우리는 이웃을 돌아보고 그들에게 관심을 가져야 합니다. 서로 사랑하고, 우애하여 혹 실수하거나 못마땅하더라도 덮어 주고 용서해 주어야 합니다.

다윗이 쓴 시편 133편에서 우리는 두 가지 이미지를 떠올릴 수 있습니다. 첫 번째는 아론이 대제사장으로 기름 부음 받는 장면입니다. 다윗은 형제, 자매가 함께 어울려 살아가는 모습을 아론의 머리 위에 부은 기름이 수염을 타고 흘러 옷깃에 흘러내리는 것과 같다고 비유했습니다. 여기서 기름이 흘러내린다는 표현이 중요합니다. 기름이 나만을 위해서 고여 있는 것이 아니라 흘러가야 합니다. 신앙도, 사랑도, 복음도 흘러가야 합니다. 그 보배로운 기름이 우리의 가정과 교회, 세상을 풍요롭고 아름답게 만들기 때문입니다.

두 번째 이미지는 헐몬 산에서 내리는 이슬입니다. 헐몬 산에서 내리는 이슬이 흘러내려 예루살렘의 생명을 유지하는 것처럼, 형제들이 사랑으로 서로 연합하여 어울려 살아가면 그 모습이 강산을 적시고, 생명을 누리게 하는 이슬과 같게 될 것입니다. 이 두 가지 이미지는 모두 형제, 자매가 서로 사랑하며 함께 살아가는 모습을 잘 설명해 주고 있습니다.

우리 모두는 각기 개성이 다르고, 모양도 신앙도 다르지만 다양성 가운데에서 하모니를 이루어가야 합니다. 우리가 하모니를 이룰 때 하나님께서는 칭찬하시며 영생의 복을 주실 것입니다.

1 보라 형제가 연합하여 동거함이 어찌 그리 선하고 아름다운고 2 머리에 있는 보배로운 기름이 수염 곧 아론의 수염에 흘러서 그의 옷깃까지 내림 같고 3 헐몬의 이슬이 시온의 산들에 내림 같도다 거기서 여호와께서 복을 명령하셨나니 곧 영생이로다

(시 133:1~3)

같은 말, 같은 생각, 같은 뜻, 같은 열매

교회는 하나님을 아버지로 모신 한 가족입니다. 우리는 형제이고 하나님께서는 우리의 아버지가 되십니다. 또한 교회는 예수 그리스도를 머리로 하여 이루어진 한 몸임을 기억해야 합니다. 우리 주님께서는 교회의 머리가 되시고, 우리 모두는 그 몸의 지체입니다. 고린도전서 12장 13절에 보면 "우리가 유대인이나 헬라인이나 종이나 자유인이나 다 한 성령으로 세례를 받아 한 몸이 되었고……." 라고 말씀하십니다. 한 성령으로 세례를 받아 한 몸이 되었기에 우리는 같은 몸, 오직 하나의 몸인 것입니다. 따라서 교회는 본질상 하나가 되어야 합니다.

그런데 바울은 글로에의 집 편으로부터 고린도 교회에 분파가 생겼다는 소식을 듣게 되었습니다. 바울파, 게바파, 아볼로파, 그리스도파 4개의 분파가 생겨서 교회에 분쟁이 일어난 것이었습니다. 바울은 분당이 생긴 고린도 교회에 해결책을 주었습니다. "형제들아 내가 우리 주 예수 그리스도의 이름으로 너희를 권하노니 모두가 같은 말을 하고 너희 가운데 분쟁이 없이 같은 마음과 같은 뜻으로 온전히 합하라”

교회가 하나 되기 위해서는 같은 말을 해야 합니다. 그리고 같은 말을 하기 위해서는 우리가 무슨 말을 할 때 성령에 의해서, 하나님에 의해서 말을 해야 합니다. 우리가 말을 잘못하면 교회가 시험에 들 수 있기 때문에 내 말로 인해 상대방이 어떻게 되고, 하나님 앞에 어떻게 되고, 교회는 어떻게 되는가를 생각하고 말해야 합니다.

바울은 같은 마음을 품으라고 권면합니다. 교회 안에서 같은 마음을 품지 못하는 이유는 겸손하지 못하기 때문입니다. 서로 높아지려고 하고, 자기 입장만을 고집하다 보면 같은 마음을 품을 수 없습니다. 빌립보서 2장 5절 말씀처럼 그리스도 예수의 마음을 품어 낮아지고 겸손해지고자 노력해야 합니다.

또한 같은 뜻을 품으라고 했습니다. 우리 교회의 뜻은 하나입니다. 무엇을 먹든지 마시든지 무엇을 하든지 다 하나님의 영광을 위해 하는 것뿐입니다. 우리가 무슨 일을 하든지, 교회가 무슨 일을 하든지 우리는 주님을 높여야 합니다. 그러려면 주님의 뜻만을 생각하고 따라야 합니다. 주님께서는 우리 안에 뜻을 일으키시고 행하게 하시는 분이십니다(빌 2:13). 우리 안에 성령님께서 계시고 성령님께서 뜻을 일으켜 주시는데, 성령님의 그 뜻을 무시하고 자기 뜻을 주장하게 되면 교회에 분당이 생기게 됩니다.

교회에서는 여러분의 뜻이 아니라 오직 주님의 뜻이 나타나야 합니다. 그래야 교회가 하나 되고, 하나님께서 다스리시는 곳이 됩니다. 이름도 없이 빛도 없이 우리는 섬기고 주님만 높아지는 길이 교회가 나아가는 길인 것입니다. 그렇게 나아가다 보면 같은 말, 같은 생각, 같은 뜻을 품게 되고, 같은 열매를 맺게 될 것입니다. 주님 안에서 우리 모두 한 몸을 이루어 온전히 하나님의 뜻만을 전하는 참된 교회가 되기를 소망합니다.

> 10 형제들아 내가 우리 주 예수 그리스도의 이름으로 너희를 권하노니 모두가 같은 말을 하고 너희 가운데 분쟁이 없이 같은 마음과 같은 뜻으로 온전히 합하라 11 내 형제들아 글로에의 집 편으로 너희에 대한 말이 내게 들리니 곧 너희 가운데 분쟁이 있다는 것이라 12 내가 이것을 말하거니와 너희가 각각 이르되 나는 바울에게, 나는 아볼로에게, 나는 게바에게, 나는 그리스도에게 속한 자라 한다는 것이니 13 그리스도께서 어찌 나뉘었느냐 바울이 너희를 위하여 십자가에 못 박혔으며 바울의 이름으로 너희가 세례를 받았느냐 14 나는 그리스보와 가이오 외에는 너희 중 아무에게도 내가 세례를 베풀지 아니한 것을 감사하노니 15 이는 아무도 나의 이름으로 세례를 받았다 말하지 못하게 하려 함이라 16 내가 또한 스데바나 집 사람에게 세례를 베풀었고 그 외에는 다른 누구에게 세례를 베풀었는지 알지 못하노라 17 그리스도께서 나를 보내심은 세례를 베풀게 하려 하심이 아니요 오직 복음을 전하게 하려 하심이로되 말의 지혜로 하지 아니함은 그리스도의 십자가가 헛되지 않게 하려 함이라
>
> (고전 1:10~17)

참된 예배자

복음의 전도자

은혜 받은 자의 사명

믿음의 가정

믿는 자의 삶의 태도

신앙의 대잇기

이스라엘에 큰 흉년이 들자 유대 베들레헴 사람 엘리멜렉과 부인 나오미, 두 아들 말론과 기룐은 베들레헴을 떠나 모압으로 이주했습니다. 모압은 이스라엘보다 훨씬 부유한 곳이었고, 나오미의 가정은 그 곳에서 새로운 꿈을 꾸었습니다. 하지만 모압으로 간 나오미는 모든 것을 잃어버리게 되었습니다. 남편이 죽고, 결혼한 두 아들마저 죽고 말았습니다. 나오미는 모압으로 온 것이 잘못된 것임을 후회하면서 다시 베들레헴으로 가기로 결정했습니다. 나오미는 두 며느리에게 유대 땅 고향으로 돌아가겠다고 말하고, 각자 자기 어머니의 집으로 돌아가라고 권했습니다. 이에 큰 며느리인 오르바는 친정으로 돌아갔지만, 둘째 며느리인 룻은 돌아가지 않고 시어머니와 함께 있겠다고 말했습니다(룻 1:16~17).

룻은 늙은 시어머니를 버릴 수가 없었습니다. 하지만 룻이 나오미를 따른다는 것은 자기 동족과 신을 포기하고 이방 땅에서 가난한 과부로 살아야 하는, 고난의 길을 선택하는 것이었습니다. 룻은 이 결정적 갈림길에서 주저하지 않았고 나오미의 동족이 되고 나오미의 하나님을 섬기고, 심지어 죽음에 이르기까지 나오미와 함께 하겠다고 다짐했습니다. 룻의 이야기는 룻의 결단과 믿음으로 말미암아 해피 엔딩으로 끝을 맺습니다. 베들레헴으로 간 룻은 고생 끝에 보아스를 만나 결혼하여 오벳을 낳는데 오벳은 다윗왕의 조부가 되고, 예수님의 조상이 되어 이스라엘 역사에서 중요한 위치를 차지하는 여인이 되었습니다. 룻은 이방 여인으로서 이스라엘의 족보에 기록되는 축복까지 받게 됩니다.

오늘날 가족 관계를 너무 쉽게 생각하여 많은 가족들이 무너지고 파괴되고 있습니다. 가족 관계는 하나님이 허락하신 관계입니다. 모든 관계가 스스로 선택하는 부분들이 있지만, 가족 관계는 내가 선택하는 것이 아닙니다. 하나님의 계획과 경륜 가운데 속해 있는 것이기에 거기에 하나님의 뜻이 있습니다. 그러므로 우리는 가족을 소중히 여기고, 주님의 뜻 가운데 올바로 세워가야 합니다. 그렇게 할 때 룻이 큰 축복을 받은 것처럼, 우리 가정도 주님 안에서 더 잘 되고, 평안하여 든든히 세워져 가게 될 것입니다.

15 나오미가 또 이르되 보라 네 동서는 그의 백성과 그의 신들에게로 돌아가나니 너도 너의 동서를 따라 돌아가라 하니 16 룻이 이르되 내게 어머니를 떠나며 어머니를 따르지 말고 돌아가라 강권하지 마옵소서 어머니께서 가시는 곳에 나도 가고 어머니께서 머무시는 곳에서 나도 머물겠나이다 어머니의 백성이 나의 백성이 되고 어머니의 하나님이 나의 하나님이 되시리니 17 어머니께서 죽으시는 곳에서 나도 죽어 거기 묻힐 것이라 만일 내가 죽는 일 외에 어머니를 떠나면 여호와께서 내게

벌을 내리시고 더 내리시기를 원하나이다 하는지라 18 나오미가 룻이 자기와 함께 가기로 굳게 결심함을 보고 그에게 말하기를 그치니라 19 이에 그 두 사람이 베들레헴까지 갔더라 베들레헴에 이를 때에 온 성읍이 그들로 말미암아 떠들며 이르기를 이이가 나오미냐 하는지라 20 나오미가 그들에게 이르되 나를 나오미라 부르지 말고 나를 마라라 부르라 이는 전능자가 나를 심히 괴롭게 하셨음이니라 21 내가 풍족하게 나갔더니 여호와께서 내게 비어 돌아오게 하셨느니라 여호와께서 나를 징벌하셨고 전능자가 나를 괴롭게 하셨거늘 너희가 어찌 나를 나오미라 부르느냐 하니라

(룻 1:15~21)

고넬료의 가정

하나님께서 친히 만드신 공동체는 가정과 교회입니다. 가정은 육신의 안식을 취하는 곳이고, 교회는 영혼의 안식을 취하는 곳입니다. 가정에서는 부모와 부부가 중심이 되고, 교회에서는 하나님과 신랑되신 예수님과 성도들이 중심이 됩니다. 가정에서는 육신의 평화, 교회에서는 영혼의 안식이 주는 행복과 기쁨을 누리게 됩니다. 그러므로 좋은 가정과 좋은 교회를 가진 사람은 복이 있는 사람입니다. 가정에서는 사랑과 화목이 넘치고, 교회에서는 화평하고, 기쁨과 은혜가 충만하기 때문입니다. 고넬료의 가정이 그런 가정이었습니다. 고넬료는 자신의 가정과 교회를 안식의 장소로, 은혜의 장소로 만들었던 사람입니다.

고넬료는 가이사랴의 백부장이었습니다. 고넬료는 권력을 가진 사람이었지만, 경건했다고 성경에 기록하고 있습니다. 자신의 집에 가정 교회를 만들고, 정기적으로 예배를 드렸습니다. 고넬료는 이방인이었기 때문에 할례도 받지 않았고, 유대교로 개종하지도 않았지만 그 자신뿐만 아니라 그 가정 전체가 하나님의 백성으로 구별된 삶을 살았습니다. 고넬료는 기도 중에 천사를 통하여 그의 기도와 구제가 하나님 앞에 상달되어 기억하신 바 되었다는 소식을 듣게 되었습니다. 그리고 천사가 시킨 대로 베드로를 초청하도록 했습니다. 베드로도 고넬료의 집에 가라는 음성을 듣고, 성령의 인도하심을 따라 갔습니다. 베드로가 고넬료의 가정과 함께 예배할 때에 성령님께서 역사하셨고, 놀라운 은혜와 사랑을 경험하게 되었습니다.

고넬료의 가정이 하나님의 응답을 받게 된 것은 기도와 구제 때문이었습니다. 기도할 때 역사가 일어납니다. 우리가 열심히 기도할 때 하늘의 문이 열리고, 복이 임하고, 영적인 부흥이 일어나게 됩니다. 하지만 기도하지 않는 가정은 하늘의 문이 닫혀 있어서 하늘의 신령한 복을 받을 수 없고, 세상의 근심과 걱정으로만 채워지게 됩니다. 어느 가정이든 기도하는 한 사람만 있어도 그 가정은 복을 받게 됩니다. 기도의 어머니를 둔 자녀들은 망하는 법이 없습니다. 기도할 때 하나님께서 일하시기 때문입니다.

아울러 한 가지 더 기억해야 할 것이 있습니다. 기도도 중요하지만, 구제도 중요합니다. 고넬료는 기도뿐 아니라 구제에도 힘썼습니다. 하나님을 섬기듯 이웃을 섬겼기에 하나님도 감동하셨고, 그의 구제에 응답하신 것입니다. 누구를 대하든지 주께 하듯 하면 우리가 부지중에 천사를 대접할 수도 있고, 그로 인해 큰 복을 받게 됩니다. 성경에는 그런 인물들이 많이 나옵니다.

이제 우리도 고넬료의 도전을 받아서 기도와 구제를 통한 경건의 삶을 살아가기를 결단해야 합니다. 경건한 가장 밑에 경건한 가문이 나옵니다. 우리가 경건하게 살면 다음 세대가 경건한 세대로 자라나게 됩니다. 우리의 경건, 기도, 구제를 통해 이 땅의 무너진 가정과 교회가 새롭게 회복되어지는 놀라운 역사가 일어날 것입니다.

> 1 가이사랴에 고넬료라 하는 사람이 있으니 이달리야 부대라 하는 군대의 백부장이라 2 그가 경건하여 온 집안과 더불어 하나님을 경외하며 백성을 많이 구제하고 하나님께 항상 기도하더니 3 하루는 제 구 시쯤 되어 환상 중에 밝히 보매 하나님의 사자가 들어와 이르되 고넬료야 하니 4 고넬료가 주목하여 보고 두려워 이르되 주여 무슨 일이니이까 천사가 이르되 네 기도와 구제가 하나님 앞에 상달되어 기억하신 바가 되었으니 5 네가 지금 사람들을 욥바에 보내어 베드로라 하는 시몬을 청하라 6 그는 무두장이 시몬의 집에 유숙하니 그 집은 해변에 있다 하더라 7 마침 말하던 천사가 떠나매 고넬료가 집안 하인 둘과 부하 가운데 경건한 사람 하나를 불러 8 이 일을 다 이르고 욥바로 보내니라
>
> (행 10:1~8)

말세를 살아가는 성도의 생활

가정이란 하나님이 인간에게 주신 최상의 선물로서 참 사랑과 안식, 평화가 있는 곳입니다. 가정이 건강하지 못하면 그 시대와 나라도 건강하지 못합니다. 그런데 문제는 지금 우리 시대의 가장 큰 문제 중의 하나가 가정의 붕괴 현상이라는 것입니다. 가정이 붕괴되는 가장 대표적인 현상이 바로 이혼입니다. 최근의 통계 자료에 의하면 한 해 결혼하는 수의 1/3 정도가 이혼을 한다고 합니다. 이혼율이 높다는 것은 그 만큼 가정이 온전하지 못하다는 말입니다. 이혼이란 단순히 남편과 아내라는 두 사람이 헤어지는 것이 아니라 한 가정의 깨어짐을 의미합니다. 두 사람은 평생 깊은 상처를 안고 살아가야 하고, 자녀들은 삶의 근거를 잃게 됩니다.

우리는 이 땅의 무너진 가정들을 세우기 위해서 성경으로 돌아와야 합니다. 왜냐하면 하나님께서 가정을 창조하셨기 때문입니다. 성경은 왜 가정에 불행이 왔는지 그 이유를 분명하게 밝히고 있습니다. 창세기 3장에 보면 아담과 하와가 이룬 최초의 가정의 모습이 나옵니다. 천국 같던 아담과 하와의 가정을 무너뜨린 것은 바로 죄였습니다. 죄가 들어오자 제일 먼저 생긴 문제가 바로 가정 문제였습니다. 죄에 대한 하나님의 추궁 앞에서 두 사람은 철저하게 이기주의자가 되었습니다. 하나님 앞에서 서로의 책임을 전가하고 서로를 탓하는 처참한 부부 관계로 전락한 것입니다. 오늘날에도 악한 사단은 인간들의 죄성을 자극하여 가정을 무너뜨리려고 합니다. 가정이 무너지면 그 속에서 인간의 모든 문제가 다 드러나기 때문입니다.

그렇다면 가정 붕괴의 시대에 성도들의 가정을 온전히 세우려면 어떻게 해야 합니까?

첫째, 기도로 가정을 지켜야 합니다. 말세가 될수록 성도들이 해야 할 일은 바로 기도하는 것입니다. 베드로전서 4장 7절을 보면 "그러므로 너희는 정신을 차리고 근신하여 기도하라"고 말씀합니다. 이것은 말세를 사는 성도들의 가정에 주는 말씀으로 받아들일 수 있습니다. 마지막 시대에 변질된 사랑으로 가정이 깨어지지 않도록 기도하라는 것입니다. 악한 마귀와 죄가 우리들의 가정을 흔들지 못하도록 기도에 힘써야 합니다.

둘째, 사랑으로 가정을 세워야 합니다. 가족 간의 인간 관계를 아름답게 세우는 길은 허다한 죄를 덮는 사랑입니다. 베드로전서 4장 8절을 보면 "무엇보다도 뜨겁게 서로 사랑할지니 사랑은 허다한 죄를 덮느니라"고 말씀하십니다. 여기에 사용된 사랑이라는 희랍어 단어가 '아가페'입니다. 아가페란 하나님이 갖고 있는 사랑을 말합니다. 성경에서 아가페란 오직 하나님이 인간을 사랑하신 사랑에만 사용하는 독특한 단어입니다. 그런데 성경에서는 가족 간에 이 사랑이 필요하다고 말씀하고 있습니다.

이제 우리는 기도하기를 결단해야 합니다. 그리고 의지적으로 사랑하기로 결단해야 합니다. 말세에 이 땅에 일어나는 악한 사상과 가치관이 우리 가정 안으로 밀려들어 오지 않도록 튼튼한 담을 쌓는 것은 기도와 사랑밖에 없습니다. 가정을 위해 기도하고 가족들을 아가페의 사랑으로 사랑합시다.

> 7 만물의 마지막이 가까이 왔으니 그러므로 너희는 정신을 차리고 근신하여 기도하라 8 무엇보다도 뜨겁게 서로 사랑할지니 사랑은 허다한 죄를 덮느니라 9 서로 대접하기를 원망 없이 하고 10 각각 은사를 받은 대로 하나님의 여러 가지 은혜를 맡은 선한 청지기 같이 서로 봉사하라 11 만일 누가 말하려면 하나님의 말씀을 하는 것 같이 하고 누가 봉사하려면 하나님이 공급하시는 힘으로 하는 것 같이 하라 이는 범사에 예수 그리스도로 말미암아 하나님이 영광을 받으시게 하려 함이니 그에게 영광과 권능이 세세에 무궁하도록 있느니라 아멘
>
> (벧전 4:7~11)

신앙의 공백기를 없애라

이스라엘 백성들은 다음 세대에 대한 신앙 전수에 실패하면서 이스라엘 역사 가운데 가장 어려운 시기인 사사 시대를 맞이합니다. 세대 교체의 실패로 인한 신앙의 변질과 공백기로 인해 고통을 겪는 이스라엘 백성들을 보면서 우리는 몇 가지 명심할 것들이 있습니다.

먼저 다음 세대를 잘 세워야 합니다. 이스라엘 백성들은 긴 노예 생활과 광야 생활 끝에 가나안 땅에 들어가게 되었습니다. 이스라엘의 군대는 오합지졸에 불과했지만 하나님께서 함께 하셔서 강한 군사가 되었고, 승전을 거듭하여 가나안 땅에 무사히 들어갈 수 있었습니다. 그러나 사사기 2장 10절 말씀에 보면 "여호수아를 비롯하여 하나님의 큰일을 본 자들이 죽고 나자 다음 세대는 하나님을 알지 못하고, 하나님이 하신 일도 알지 못하게 되었다"는 내용이 나옵니다. 이는 이스라엘 백성들이 다음 세대에게 신앙을 심어 주지 못했음을 말해 줍니다. 목자가 양을 방치할 때 생명을 위협받듯이, 신앙을 받지 못한 다음 세대는 그들의 생사가 위태로운 지경에 빠질 수밖에 없습니다. 신앙은 선택이 아닌 필수입니다. 우리의 다음 세대에게 신앙을 심어 주고, 그들을 신앙으로 양육하여야 합니다. 다음 세대로 하여금 하나님이 누구인지, 하나님이 우리를 위해서 하신 일들이 무엇인지 잘 알도록 해야 합니다.

또한 다음 세대는 끊임없이 관심과 사랑 속에 세워져야 합니다. 디모데는 바울에 의해서 지도자로 세움을 받았지만, 나이가 어려서 어려움을 겪었습니다. 바울은 디모데를 향해서 변치 않는 관심과 지지, 사랑을 보내 주었고, 마침내 훌륭한 지도자로 세워지게 되었습니다.

사람을 키우는 일은 하루아침에 되는 것이 아닙니다. 훌륭한 지도자는 오랜 시간과 관심과 사랑을 통해서 세워집니다. 우리는 다음 세대에 대한 관심과 사랑을 더욱더 가져야 합니다.

그렇다면 다음 세대에게 구체적으로 무엇을 가르쳐야 할까요?

"오직 말과 행실과 사랑과 믿음과 정절에 있어서 믿는 자에게 본이 되어"(딤전 4:12) 우리는 이것을 다음 세대에 가르쳐야 합니다.

첫째, 언어 훈련을 시켜야 합니다. 항상 상대방을 배려하고, 현명하게 말할 수 있도록 가르쳐야 합니다.

둘째, 행실 훈련을 해야 합니다. 우리의 자녀들이 바른 행실을 할 수 있도록 좋은 습관을 심어 주고, 무엇보다도 우리가 자녀들의 본이 되어야 합니다.

셋째, 사랑의 훈련을 해야 합니다. 사랑을 받는 데만 익숙한 자녀들에게 진정한 사랑은 베풀고 나누는 것임을 가르쳐야 합니다.

넷째, 믿음의 훈련을 해야 합니다. 믿음이 우리 자녀들의 삶에 반석이 될 수 있도록 계속해서 믿음을 훈련시켜야 합니다.

다섯째, 순결의 훈련을 시켜야 합니다. 우리의 자녀들이 무분별한 음란 문화에 노출되지 않도록 하고, 순결 의식을 가질 수 있도록 가르쳐야 합니다.

다음 세대를 제대로 키우기 위해서 우리는 결단이 필요합니다. 끊임없는 관심과 사랑으로 우리의 자녀들을 신앙으로 길러내어 하나님이 기뻐하시는 믿음의 자녀들로 양육합시다. 하나님께서 우리의 자녀들을 축복하시고, 이 나라와 세계를 위해서 아름답게 쓰실 것입니다.

1 여호와의 사자가 길갈에서부터 보김으로 올라와 말하되 내가 너희를 애굽에서 올라오게 하여 내가 너희의 조상들에게 맹세한 땅으로 들어가게 하였으며 또 내가 이르기를 내가 너희와 함께 한 언약을 영원히 어기지 아니하리니 2 너희는 이 땅의 주민과 언약을 맺지 말며 그들의 제단들을 헐라 하였거늘 너희가 내 목소리를 듣지 아니하였으니 어찌하여 그리하였느냐 3 그러므로 내가 또 말하기를 내가 그들을 너희 앞에서 쫓아내지 아니하리니 그들이 너희 옆구리에 가시가 될 것이며 그들의 신들이 너희에게 올무가 되리라 하였노라 4 여호와의 사자가 이스라엘 모든 자손에게 이 말씀을 이르매 백성이 소리를 높여 운지라 5 그러므로 그 곳을 이름하여 보김이라 하고 그들이 거기서 여호와께 제사를 드렸더라 6 전에 여호수아가 백성을 보내매 이스라엘 자손이 각기 그들의 기업으로 가서 땅을 차지하였고 7 백성이 여호수아가 사는 날 동안과 여호수아 뒤에 생존한 장로들 곧 여호와께서 이스라엘을 위하여 행하신 모든 큰 일을 본 자들이 사는 날 동안에 여호와를 섬겼더라 8 여호와의 종 눈의 아들 여호수아가 백십 세에 죽으매 9 무리가 그의 기업의 경내 에브라임 산지 가아스 산 북쪽 딤낫 헤레스에 장사하였고 10 그 세대의 사람도 다 그 조상들에게로 돌아갔고 그 후에 일어난 다른 세대는 여호와를 알지 못하며 여호와께서 이스라엘을 위하여 행하신 일도 알지 못하였더라

(삿 2:1~10)

다음 세대와 함께 가는 교회

21세기에 접어들면서 한국 교회가 맞이한 심각한 위기들 중의 하나가 바로 다음 세대의 급격한 감소입니다. 급변한 사회 변동 속에서 한국 교회가 적절한 대응을 하지 못했고, 저출산으로 인한 인구 감소로 인하여 교회 학교의 학생 수가 급격히 줄어들고 있습니다.

다음 세대를 품기 위해서는 교회 안팎으로 대책을 세우고 노력해야 합니다. 교회 안에서는 '신앙의 대잇기' 즉 수직적 복음 전수에 심혈을 기울여야 합니다. 그리고 교회 밖에서는 학부모와의 관계, 학교와의 관계를 세우는 사역을 감당해야 합니다.

우리가 다음 세대를 위해서 해야 할 일은 바로 '쉐마' 교육입니다. 쉐마란 '들으라'의 히브리어입니다. 쉐마는 이스라엘 부모가 자녀에게 가르쳤던 하나님에 대한 교육 내용입니다. 쉐마 교육에서는 부모가 자녀에게 하나님의 말씀을 가르치고, 자녀는 이 말씀을 듣고 하나님 경외와 사랑, 여호와의 규례와 명령을 지키며 순종하는 법을 배우게 됩니다. 이스라엘 백성들은 다른 무엇보다도 신앙의 유산을 자손들에게 남기고자 노력했고, 그 유산을 이어받은 후손들은 성경에 기록된 하나님의 축복을 누릴 수 있었습니다. 앞서 언급했던 신앙의 대잇기가 이스라엘의 가정 내에서는 자연스럽게 일어났던 것입니다.

우리의 자녀들에게도 신앙의 유산을 물려주기 위해서는 부모가 먼저 마음과 힘과 뜻을 다하여 하나님을 사랑해야 합니다. 자녀에게 있어서 최초의, 최고의 스승은 부모입니다. 부모의 신앙이 먼저 바로 서야 자녀들을 가르칠 수 있고, 그 신앙이 전수될 수 있습니다. 부모는 철저하게 주일 성수를 지켜야 하고, 교회를 위하여 헌신, 봉사하는 모습을 자녀들에게 보여 주어야 합니다. 가정에서 신앙의 분위기를 보고, 느끼고, 경험할 수 있도록 배려해야 합니다. 우리의 자녀들에게 신앙적인 가르침을 받을 권리가 있음을 기억하시면서 신앙의 대잇기에 힘쓰시기 바랍니다.

> 4 이스라엘아 들으라 우리 하나님 여호와는 오직 유일한 여호와이시니 5 너는 마음을 다하고 뜻을 다하고 힘을 다하여 네 하나님 여호와를 사랑하라
>
> (신 6:4~5)

믿는 자의 삶의 태도

하나님을 경외하는 자의 복

여호와를 경외하는 자에게는 하나님의 축복이 임합니다. 여호와를 경외하는 삶이란 하나님의 뜻대로 믿고 행하는 것입니다. 부모에게 참 효도를 하는 사람은 부모님의 마음을 잘 헤아리기 때문에 부모님을 걱정시키지 않습니다. 하나님을 경외하는 사람도 하나님의 마음을 잘 알기 때문에 하나님의 뜻에 합당하게 행할 수가 있는 것입니다. 하나님을 경외하는 삶을 사는 성도들에게는 다음과 같은 축복이 주어집니다.

하나님을 경외하는 사람은 수고한 대로 먹을 수 있는 축복을 받습니다. 세상을 살아가다 보면 우리가 심은 만큼도 거두기 힘들 때가 많습니다. 하지만 하나님을 경외하는 사람에게는 땀 흘려 수고한 만큼 먹을 수 있는 축복이 주어집니다.

또 하나님을 경외하는 사람은 가정의 축복을 받습니다. 시편 128편 3절의 말씀은 하나님 안에서 참 행복을 누리고 있는 가정의 모습을 잘 묘사하고 있습니다. 이처럼 하나님을 경외하는 자의 가정은 행복합니다. 남편은 아내를 존중하며 소중히 여기고, 아내는 남편을 인정하고 격려합니다. 온 가족이 서로 사랑하고, 이해하고, 헌신합니다.

하나님을 경외하는 사람에게는 교회를 통한 축복이 주어집니다. 교회를 하나님의 집으로 생각하는 사람이 있는가 하면, 교회를 주막처럼 생각하는 사람도 있습니다. 주막처럼 교회를 그냥 왔다 갔다 한다는 것입니다. 이런 사람에게 교회 생활은 의미가 없습니다. 하지만 교회를 하나님의 집으로 생각하는 사람은 교회에서 하나님을 만나고, 참 평안을 얻으며 삶의 목적을 찾게 됩니다. 교회는 구원의 방주이며, 하나님께서는 교회 공동체를 통해서 주기 원하시는 축복이 있습니다.

세상의 다른 어떤 삶보다도 하나님을 경외하는 삶을 사십시오. 그리고 하나님을 경외하는 자에게 주어지는 축복을 마음껏 누리십시오.

> 1 여호와를 경외하며 그의 길을 걷는 자마다 복이 있도다 2 네가 네 손이 수고한 대로 먹을 것이라 네가 복되고 형통하리로다 3 네 집 안방에 있는 네 아내는 결실한 포도나무 같으며 네 식탁에 둘러 앉은 자식들은 어린 감람나무 같으리로다 4 여호와를 경외하는 자는 이같이 복을 얻으리로다 5 여호와께서 시온에서 네게 복을 주실지어다 너는 평생에 예루살렘의 번영을 보며 6 네 자식의 자식을 볼지어다 이스라엘에게 평강이 있을지로다
>
> (시 128:1~6)

승리의 확신

우리는 불확실성의 시대를 살아가고 있습니다. 우리의 삶은 우리에게 확신을 주기보다는 두려움과 불안으로 가득 차 있습니다. 불확실성의 시대에 사람들은 무엇인가를 의지하고 확신을 얻고자 합니다. 그런데 여러분은 그 확신을 어디서 찾고 있습니까?

우리의 확신은 그리스도로로부터 나옵니다. 주님께서 나와 함께 하신다면, 나를 도우신다면 우리는 더 이상 두려움과 불안에 떨 필요가 없습니다.

다윗이 골리앗과 싸우러 나갈 때, 많은 사람들이 다윗을 비웃었습니다. 하지만 다윗은 하나님을 모욕하는 골리앗을 참을 수가 없었고, 하나님께서 자신과 함께 할 것을 확신했기 때문에 용기를 가지고 골리앗과 맞서 싸워서 당당히 승리할 수 있었습니다. 또한 가나안 정탐을 다녀왔던 12명의 이야기에서도 10명의 정탐꾼들은 부정적인 보고를 했지만, 여호수아와 갈렙은 똑같은 상황을 매우 긍정적으로 보고 했습니다. 차이점은 하나님께서 함께 하신다는 사실을 확신하느냐 아니냐였습니다.

우리는 주님께서 함께 하시면, 할 수 있다는 확신을 가져야 합니다. 많은 신앙의 위인들이 이를 증명해 주었습니다. 눈앞에 보이는 환경과 여건에 묶여서는 안 됩니다. 인간의 능력이 아무리 뛰어날지라도 하나님 앞에서 그 능력은 아무것도 아님을 기억해야 합니다. 세상으로부터 오는 확신이 아니라 주님으로부터 오는 확신을 가져야 합니다. 주님께서 주시는 믿음과 확신만큼 중요한 것은 없습니다.

우리에게 승리를 주시는 분은 주님임을 고백하고, 우리의 희망과 소망, 필요의 잔을 채워 주실 하나님께 그 잔을 높이 듭시다.

> 4 우리가 그리스도로 말미암아 하나님을 향하여 이같은 확신이 있으니 5 우리가 무슨 일이든지 우리에게서 난 것 같이 생각하여 스스로 만족할 것이 아니니 우리의 만족은 오직 하나님께로부터 나느니라 6 그가 또한 우리를 새 언약의 일꾼 되기에 만족하게 하셨으니 율법 조문으로 하지 아니하고 오직 영으로 함이니 율법 조문은 죽이는 것이요 영은 살리는 것이니라 7 돌에 써서 새긴 죽게 하는 율법 조문의 직분도 영광이 있어 이스라엘 자손들은 모세의 얼굴의 없어질 영광 때문에도 그 얼굴을 주목하지 못하였거든 8 하물며 영의 직분은 더욱 영광이 있지 아니하겠느냐 9 정죄의 직분도 영광이 있은즉 의의 직분은 영광이 더욱 넘치리라 10 영광되었던 것이 더 큰 영광으로 말미암아 이에 영광될 것이 없으나 11 없어질 것도 영광으로 말미암았은즉 길이 있을 것은 더욱 영광 가운데 있느니라
>
> (고후 3:4~11)

슬픔에서 기쁨으로

예수님이 돌아가신 후 제자들은 큰 충격에 빠졌습니다. 예수님을 잃은 슬픔과 절망감 때문에 어찌할 바를 몰랐습니다. 예수님께서 살아나셨다는 사실을 다른 제자들을 통해서 들었음에도 불구하고, 그 말을 믿을 수가 없었습니다. 부활하신 주님께서는 제자들을 찾아와 그들의 믿음 없음과 마음의 완악함에 대하여 꾸짖으셨습니다. 그러나 사랑이 많으신 예수님은 믿음이 없는 제자들에게 믿음을 가지라고 권면하면서 표적에 대한 약속의 말씀을 주셨습니다(막 16:17~18). 이 표적은 바로 예수님의 부활을 믿는 것으로부터 시작됩니다. 예수님께서는 제자들이 자신의 부활을 믿을 뿐 아니라 부활의 참 의미를 깨닫기를 원했습니다. 그리고 예수님께서 우리에게 부어 주시는 십자가의 은혜와 사랑이 헛되지 않도록 그 기쁜 소식을 다른 사람들에게 전하기를 바라셨습니다. 이제 제자들의 마음은 슬픔에서 기쁨으로 변화하였고, 그 기쁨의 소식들을 모든 사람들에게 전파하는 사명을 주님으로부터 받게 되었습니다.

우리는 인생의 고난과 역경으로 인하여 때때로 슬픔, 절망, 좌절,

상실감, 우울함으로 고통스러울 때가 있습니다. 그러나 주님께서는 우리가 슬픔의 사람이 아닌 기쁨의 사람으로 살아가기를 원하십니다. 제자들이 부활의 주님을 만나고 나서 기쁨의 사람으로 변한 것처럼, 예수 그리스도를 우리 마음속에 모시면, 그 모든 것이 기쁨으로 바뀌어집니다. 예수님이 이 세상에 오신 것은 유일한 기쁨의 표적입니다. 이 사실을 믿으시기를 바랍니다. 내 안에 가득 찬 참 기쁨이 우리를 축복의 길, 성공의 길로 인도해 줄 것이기 때문입니다.

14 그 후에 열한 제자가 음식 먹을 때에 예수께서 그들에게 나타나사 그들의 믿음 없는 것과 마음이 완악한 것을 꾸짖으시니 이는 자기가 살아난 것을 본 자들의 말을 믿지 아니함일러라 15 또 이르시되 너희는 온 천하에 다니며 만민에게 복음을 전파하라 16 믿고 세례를 받는 사람은 구원을 얻을 것이요 믿지 않는 사람은 정죄를 받으리라 17 믿는 자들에게는 이런 표적이 따르리니 곧 그들이 내 이름으로 귀신을 쫓아내며 새 방언을 말하며 18 뱀을 집어올리며 무슨 독을 마실지라도 해를 받지 아니하며 병든 사람에게 손을 얹은즉 나으리라 하시더라 19 주 예수께서 말씀을 마치신 후에 하늘로 올려지사 하나님 우편에 앉으시니라 20 제자들이 나가 두루 전파할새 주께서 함께 역사하사 그 따르는 표적으로 말씀을 확실히 증언하시니라

(막 16:14~20)

넘어야 할 산, 건너야 할 강

우리 인생길이 고속도로처럼 탄탄대로라면 얼마나 좋겠습니까? 그러나 우리는 살아가면서 종종 넘어야 할 높은 산을 만나 실망하기도 하고, 건너야 할 깊은 강을 만나 좌절에 빠지기도 합니다. 하지만 우리는 반드시 이 산을 넘고, 강을 건너야 합니다.

첫째, 우리는 삶에서 만나는 두려움이라는 높은 산을 넘어야 합니다.

"두려워하지 말라 내가 너와 함께 함이라 놀라지 말라 나는 네 하나님이 됨이라 내가 너를 굳세게 하리라 참으로 너를 도와 주리라 참으로 나의 의로운 오른손으로 너를 붙들리라"(사 41:10)

두려움은 우리의 성공적인 삶을 가로막는 높은 산입니다. 두려움에 사로잡히면 말도 제대로 못하게 되고, 생각도 바로 하지 못하게 되고, 우리의 몸과 마음은 굳어버리고 맙니다. 여호수아, 바울, 예수님의 제자들과 같은 믿음의 선배들은 이 두려움의 높은 산을 넘었습니다. 그들은 믿음과 행동을 통해서 두려움을 극복했습니다. 하나님이 그들과 함께 하신다는 믿음을 가지고 높은 산을 당당히 넘어갈 수 있었습니다.

둘째, 우리는 삶에서 부딪히며 겪게 되는 분노의 높은 산을 넘어야 합니다.

"분을 내어도 죄를 짓지 말며 해가 지도록 분을 품지 말고 마귀로 틈을 주지 말라"(엡 4:26~27)

사람은 감정을 가졌기 때문에 때때로 분한 생각이 들 때가 있습니다. 그러나 그 분한 생각을 오래 품지 말아야 합니다. 우리가 분노를 마음에 품게 되면 마귀가 틈타서 결국 죄를 짓게 됩니다. 심장마비에 걸렸던 미국의 아이젠하워 장군에게 주치의가 했던 충고가 있습니다. "화를 내기 전에 하나에서 열까지 세어 보세요." 이 말은 우리에게도 필요한 권면입니다. 우리는 분노, 화를 다스릴 줄 알아야 합니다.

셋째, 우리는 우리를 괴롭히는 실패의 깊은 강을 건너야 합니다.

"우리가 사방으로 우겨쌈을 당하여도 싸이지 아니하며 답답한 일을 당하여도 낙심하지 아니하며 박해를 받아도 버린 바 되지 아니하며 거꾸러뜨림을 당하여도 망하지 아니하고"(고후 4:8~9)

빈스롬 발디라는 분이 말했습니다. "당신이 쓰러진 것이 문제가 아니라 당신이 다시 일어나는 것이 중요한 문제입니다." 우리가 실패하는 것은 우리가 인간임을 말해 주는 것입니다.

중요한 것은 실패를 어떻게 이겨 내느냐입니다. 실패하는 것이 수치가 아니라 목표 없이, 도전 없이, 모험 없이 사는 것이 수치입니다. 실패를 두려워하지 마십시오. 실패를 통해서 우리는 새로운 것을 배울 수 있고, 변화와 성장을 경험할 수 있습니다.

요나, 다윗, 베드로 같은 성경의 인물들은 실패를 했던 사람들입니다. 그들은 하나님 앞에서 실패를 인정하고, 회개하는 가운데 다시 서고자 노력했습니다. 바로 그때 하나님께서는 그들에게 다시 기회를 주셨고 성공과 승리를 경험할 수 있었습니다.

주님과 함께하는 사람은 두려움의 높은 산, 분노의 높은 산, 실패의 깊은 강을 넘어 성공적인 삶을 살게 될 것입니다. 우리 한 사람 한 사람이 우리 앞을 가로막고 있는 높은 산을 넘고, 깊은 강을 건너 승리하는 삶을 살아갈 수 있기를 바랍니다.

> 7 우리가 이 보배를 질그릇에 가졌으니 이는 심히 큰 능력은 하나님께 있고 우리에게 있지 아니함을 알게 하려 함이라 8 우리가 사방으로 우겨쌈을 당하여도 싸이지 아니하며 답답한 일을 당하여도 낙심하지 아니하며 9 박해를 받아도 버린 바 되지 아니하며 거꾸러뜨림을 당하여도 망하지 아니하고 10 우리가 항상 예수의 죽음을 몸에 짊어짐은 예수의 생명이 또한 우리 몸에 나타나게 하려 함이라 11 우리 살아 있는 자가 항상 예수를 위하여 죽음에 넘겨짐은 예수의 생명이 또한 우리 죽을 육체에 나타나게 하려 함이니라 12 그런즉 사망은 우리 안에서 역사하고 생명은 너희 안에서 역사하느니라 13 기록한 바 내가 믿었으므로 말하였다 한 것 같이 우리가 같은 믿음의 마음을 가졌으니 우리도 믿었으므로 또한 말하노라 14 주 예수를 다시 살리신 이가 예수와 함께 우리도 다시 살리사 너희와 함께 그 앞에 서게 하실 줄을 아노라 15 이는 모든 것이 너희를 위함이니 많은 사람의 감사로 말미암아 은혜가 더하여 넘쳐서 하나님께 영광을 돌리게 하려 함이라
>
> (고후 4:7~15)

어리석은 자여

한 사람이 예수님께 나아와 형과의 유산 문제를 해결해 달라고 했습니다. 예수님께서는 탐심을 물리치라고 말씀하시면서 비유를 들려주셨습니다. 한 부자가 그 밭에 소출이 풍성하여 저장할 곳이 없게 되자 곳간을 헐고 더 크게 지어야겠다고 생각했습니다. 그리고 여러 해 쓸 물건을 많이 쌓아 두었으니 이제 평안히 쉬고 먹고 마시고 즐거워하자 했습니다. 그때 하나님께서 "어리석은 자여 오늘 밤에 네 영혼을 도로 찾으리니 그러면 네 준비한 것이 누구의 것이 되겠느냐"(20)고 하시면서 자기를 위하여 재물을 쌓아 두고 하나님께 대하여 부요하지 못한 자가 바로 이와 같다고 말씀하셨습니다.

이 비유는 자신을 위해서는 시간도 물질도 아깝지 않게 쓰지만, 영원한 미래인 하나님을 위해서는 늘 인색하게만 살아가는 어리석은 자들을 나무라는 이야기입니다. 세상적으로 볼 때 성공하고 모든 사람의 부러움의 대상이 된 이 부자를 주님께서는 왜 어리석은 자라고 말씀하셨을까요?

첫째, 그는 돈 때문에 형제간의 우애를 잃어버린 사람이었습니다.

말세가 되면 사람들이 자기밖에 모릅니다. 부모, 형제도 모르고 오로지 자기만 사랑합니다. 또한 돈을 사랑합니다. 성경은 돈을 사랑함이 일만 악의 뿌리가 된다고 했습니다. 사람만이 사랑의 대상인데 돈을 사랑하다 보니 돈밖에 모르는 것입니다.

둘째, 탐심 때문에 행복이 무엇인지, 잘 산다는 것이 무엇인지를 모르는 사람이었습니다. 부자는 돈이 인생의 모든 문제, 영혼의 문제까지도 해결해 준다고 생각했습니다. 육은 땅의 것으로 양식이 되지만, 영은 하늘의 양식으로 채워야 합니다.

셋째, 짧막한 미래는 알았지만, 영원한 미래는 모르는 사람이었습니다. 어리석은 사람은 눈앞에 보이는 것만 생각하고 미래에 되어질 자기 운명은 전혀 생각하지 않습니다. 인간은 영원한 미래를 준비하기 위해 이 땅에 왔습니다. 이 땅에 사는 동안 영원한 미래를 준비해야 합니다.

넷째, 그는 자기 생명의 주인을 몰랐습니다. 자기 생명의 주인을 모르는 부자에게 하나님께서 이 사실을 깨우쳐 주십니다. "어리석은 자여 오늘 밤에 네 영혼을 도로 찾으리니 그러면 네 준비한 것이 누구의 것이 되겠느냐" 부자는 자신의 부가 생명을 보장한다고 착각했습니다. 생명의 원천이 하나님께 있음을 알지 못했습니다. 인생은 하나님으로부터 홀로 와서 홀로 서게끔 되어 있습니다. 내 인생의 주인은 오직 하나님 한 분뿐이십니다.

우리는 어리석은 자가 되지 않기 위하여 어떻게 해야 할까요? 우리에게 종말이 있음을 기억하고, 종말을 잘 준비해야 합니다. 종말의 때에는 두 부류의 사람으로 나누어집니다. 하나님을 영접하고 하나님의 자녀가 된 사람들, 예수 그리스도의 보혈의 피로 죄 사함을 받은 사람과 예수 그리스도를 알지 못하는 사람으로 나누어집니다. 예수 그리스도께서 나의 죄를 위해 십자가에 달려 돌아가셨음과 부활하심을 믿고, 고백하십시오. 내 마음의 중심에 내가 아닌 하나님을 모시고 살아가십시오. 영원한 하나님 나라의 백성으로서 이 땅에서 날마다 승리하고, 백 배의 열매를 얻는 축복된 사람들이 될 것입니다.

13 무리 중에 한 사람이 이르되 선생님 내 형을 명하여 유산을 나와 나누게 하소서 하니 14 이르시되 이 사람아 누가 나를 너희의 재판장이나 물건 나누는 자로 세웠느냐 하시고 15 그들에게 이르시되 삼가 모든 탐심을 물리치라 사람의 생명이 그 소유의 넉넉한 데 있지 아니하니라 하시고 16 또 비유로 그들에게 말하여 이르시되 한 부자가 그 밭에 소출이 풍성하매 17 심중에 생각하여 이르되 내가 곡식 쌓아 둘 곳이 없으니 어찌할까 하고 18 또 이르되 내가 이렇게 하리라 내 곳간을 헐고 더 크게 짓고 내 모든 곡식과 물건을 거기 쌓아 두리라 19 또 내가 내 영혼에게 이르되 영혼아 여러 해 쓸 물건을 많이 쌓아 두었으니 평안히 쉬고 먹고 마시고 즐거워하자 하리라 하되 20 하나님은 이르시되 어리석은 자여 오늘 밤에 네 영혼을 도로 찾으리니 그러면 네 준비한 것이 누구의 것이 되겠느냐 하셨으니 21 자기를 위하여 재물을 쌓아 두고 하나님께 대하여 부요하지 못한 자가 이와 같으니라

(눅 12:13~21)

누가 정죄합니까

하나님께서 우리에게 주신 구원은 값지고 아름다운 것입니다. 그런데 우리는 구원받았는데도 불구하고, 반복하여 죄를 지으며 살아갑니다. 육신의 욕심과 갈등은 점점 더 커가기만 합니다. 악으로부터 자유하고, 사탄의 유혹으로부터 멀리 해방되고 싶지만 악의 세력은 오히려 우리를 삼키려고 달려들고, 결국 우리는 갈망과 갈등의 차원을 넘어서 정죄 의식과 패배 의식에 빠져들고 맙니다. 그러나 우리는 이러한 갈등이 존재한다는 것을 인정하고 긍정적으로 바라볼 필요가 있습니다. 우리가 구원을 받기는 했지만 땅에서 육신을 가지고 있는 동안에는 육신의 본성이 남아 있기 때문에 어느 누구든지 이러한 문제를 겪게 되기 때문입니다.

사도 바울은 "오호라 나는 곤고한 사람이로다 이 사망의 몸에서 누가 나를 건져내랴 우리 주 예수 그리스도로 말미암아 하나님께 감사하리로다 그런즉 내 자신이 마음으로는 하나님의 법을 육신으로는 죄의 법을 섬기노라"(롬 7:24~25)고 고백하면서 깊은 내적 갈등 가운데에서 선과 악이 그의 마음 속에서 싸우고 있으며, 악한 것이 자신을 사로잡아 이기려고 한다며 탄식하고 있습니다.

그렇다면 우리는 이러한 정죄 의식과 패배 의식에서 어떻게 승리할 수 있을까요? 로마서 8장 1절과 2절에 그 해답이 나와 있습니다. 바로 그리스도 예수 안에 머물러 있는 것입니다.

그리스도 예수 안에서 더 이상 죄와 사망의 법은 우리에게 영향력을 끼칠 수 없습니다. 생명의 성령의 법이 우리를 우리의 모든 죄로부터 해방시켜 주었기 때문입니다. 예수 안에 있는 자에게는 더 이상 정죄와 심판이 없습니다. 사망에서 생명으로 옮겼기에 누구도 우리를 정죄하지 못합니다. 주님께서도 우리를 정죄하지 않으시는데 어느 누가 우리를 정죄하겠습니까? 혹시 여러분 가운데 정죄 의식과 패배 의식으로 탄식하는 분들이 있다면 그 모든 것들로부터 해방을 선포하신 예수 그리스도를 믿고 그분 안으로 들어오시기를 바랍니다. 여러분의 탄식이 그치게 되고, 참 기쁨과 평안이 찾아오게 될 것입니다. 주님께서 우리에게 주신 구원은 절대로 실패하지 않습니다. 영원한 승리의 자리까지 반드시 우리와 동행하실 것을 믿고 나아가시기를 바랍니다.

> 1 그러므로 이제 그리스도 예수 안에 있는 자에게는 결코 정죄함이 없나니 2 이는 그리스도 예수 안에 있는 생명의 성령의 법이 죄와 사망의 법에서 너를 해방하였음이라 3 율법이 육신으로 말미암아 연약하여 할 수 없는 그것을 하나님은 하시나니 곧 죄로 말미암아 자기 아들을 죄 있는 육신의 모양으로 보내어 육신에 죄를 정하사 4 육신을 따르지 않고 그 영을 따라 행하는 우리에게 율법의 요구가 이루어지게 하려 하심이니라
>
> (롬 8:1∼4)

우상 제물

    명절 때마다 제사상의 제물로 인해 고민하는 분들이 있을 것입니다. 초대교회 당시 고린도에는 도살장이 따로 없어서 대부분의 고기를 이방 신전에서 도살하여 일단 우상 앞에 제물로 바쳤다가, 시중에 유통하였습니다. 불신자들은 그 고기를 신성하게 여겨, 그 고기를 먹는 순간, 우상의 효험이 자기의 몸속에 들어오는 것으로 믿고 있었습니다. 문제는 만일 거듭난 그리스도인들이 그 고기를 먹는다면 어떻게 되는가에 있었습니다. 이러한 문제에 대한 해결 방법을 바울에게 들어봅시다.

    첫째, 신앙적인 지식보다 덕을 나타내라고 합니다.

    유대인 기독교인들은 구약의 율법적인 지식이 뛰어나기 때문에 '우상 제물을 먹는 것은 하나님의 법을 어기는 죄를 짓는 것'이라고 강하게 주장한 반면, 이방인 기독교인들은 '우상이 무슨 신이냐? 다만 돌이나 나무로 깍은 것에 불과하다. 그 앞에 놓았던 고기는 아무 변화가 없다. 그러므로 하나님이 주신 음식인 줄 믿고 먹으면 된다.'고 주장했습니다. 바울은 이러한 문제에 대해 교리도 중요하고 신앙적인 견해도 중요하지만, 가장 중요한 것은 어린 교인들에게 상처를 입혀서는 안 된다는 것입니다. 그러므로 '우상 제물을 먹느냐 안 먹느냐?'라는 문제 때문에 지나치게 자기주장을 하거나 남을 비판해서는 안 됩니다. 하나님이 부르신 사람들을 사랑하고 덕을 나타냄으로 마침내 장성한 신앙, 믿음이 강한 자들로 양육하는 것이 우리 믿음이 강한 자들이 할 일입니다.

둘째, 신앙적 양심의 기준을 따르라는 것입니다.

때로 우리 신자들에게는 어느 것이 옳은지 그른지 도무지 구분하기 어려울 때가 많습니다. 성경에서 분명히 말씀해 주지 않았기 때문입니다. 우상 제물을 먹어도 좋으냐는 문제도 그렇습니다. 이처림 무엇이 옳은지 그른지 모를 때는 각자 믿음의 양심에 따라 판단해야 합니다. 사도 바울은 "오늘날까지 나는 범사에 양심을 따라 하나님을 섬겼노라"(행 23:1)고 했습니다. 그러므로 어떤 신앙 문제에 부딪혔을 때 성경에도 분명하지 않으면 각자 믿음의 양심에 따라 기도 중에 결정하는 것이 지혜롭습니다.

셋째, 믿음이 약한 자들의 걸림돌이 되지 않도록 해야 합니다.

우상의 제물이라고 해도 우리 양심에 꺼리지 않는다면 부담 없이 먹을 수 있는 자유가 있습니다. 그러나 아무리 그런 자유가 있다 하더라도 우리보다 믿음이 약한 형제들에게 그 일로 인하여 죄를 짓게 하는 일은 없도록 조심해야 합니다. 바울은 우상의 제물을 먹는 것이 자기 신앙 양심에는 전혀 거리낌이 없다고 했습니다. 그러나 자기가 우상 제물을 먹는 것을 보고 믿음이 약한 형제가 상처가 된다면 영원히 고기를 먹지 않겠다고 했습니다. 무엇을 하든지 자기 신앙의 정도나 자기 신앙의 양심을 따라 행동하는 것보다 언제나 교회의 덕과 믿음이 약한 신자들을 생각하는 자세가 필요하다는 점입니다.

사랑은 덕을 세운다고 합니다. 우리의 신앙적인 주장과 행동 때문에 믿음이 약한 자들에게 신앙의 상처나 실족을 주지 말고, 언제나 덕을 세워 가시기 바랍니다.

1 우상의 제물에 대하여는 우리가 다 지식이 있는 줄을 아나 지식은 교만하게 하며 사랑은 덕을 세우나니 2 만일 누구든지 무엇을 아는 줄로 생각하면 아직도 마땅히 알 것을 알지 못하는 것이요 3 또 누구든지 하나님을 사랑하면 그 사람은 하나님도 알아 주시느니라 4 그러므로 우상의 제물을 먹는 일에 대하여는 우리가 우상은 세상에 아무 것도 아니며 또한 하나님은 한 분밖에 없는 줄 아노라 5 비록 하늘에나 땅에나 신이라 불리는 자가 있어 많은 신과 많은 주가 있으나 6 그러나 우리에게는 한 하나님 곧 아버지가 계시니 만물이 그에게서 났고 우리도 그를 위하여 있고 또한 한 주 예수 그리스도께서 계시니 만물이 그로 말미암고 우리도 그로 말미암아 있느니라 7 그러나 이 지식은 모든 사람에게 있는 것은 아니므로 어떤 이들은 지금까지 우상에 대한 습관이 있어 우상의 제물로 알고 먹는 고로 그들의 양심이 약하여지고 더러워지느니라 8 음식은 우리를 하나님 앞에 내세우지 못하나니 우리가 먹지 않는다고 해서 더 못사는 것도 아니고 먹는다고 해서 더 잘사는 것도 아니니라 9 그런즉 너희의 자유가 믿음이 약한 자들에게 걸려 넘어지게 하는 것이 되지 않도록 조심하라 10 지식 있는 네가 우상의 집에 앉아 먹는 것을 누구든지 보면 그 믿음이 약한 자들의 양심이 담력을 얻어 우상의 제물을 먹게 되지 않겠느냐 음식은 우리를 하나님 앞에 내세우지 못하나니 우리가 먹지 않는다고 해서 더 못사는 것도 아니

고 먹는다고 해서 더 잘사는 것도 아니니라 9 그런즉 너희의 자유가 믿음이 약한 자들에게 걸려 넘어지게 하는 것이 되지 않도록 조심하라 10 지식 있는 네가 우상의 집에 앉아 먹는 것을 누구든지 보면 그 믿음이 약한 자들의 양심이 담력을 얻어 우상의 제물을 먹게 되지 않겠느냐 11 그러면 네 지식으로 그 믿음이 약한 자가 멸망하나니 그는 그리스도께서 위하여 죽으신 형제라 12 이같이 너희가 형제에게 죄를 지어 그 약한 양심을 상하게 하는 것이 곧 그리스도에게 죄를 짓는 것이니라 13 그러므로 만일 음식이 내 형제로 실족하게 한다면 나는 영원히 고기를 먹지 아니하여 내 형제를 실족하지 않게 하리라

(고전 8:1~13)

형통의 복을 받으려면

우리는 누구나 자신이 생각하고 계획한 모든 일들이 형통하기를 바랄 것입니다. 그러나 인생의 쓴뿌리를 경험한 사람일수록 '형통'이 얼마나 어려운가 알고 낙심하게 됩니다.

요셉을 통해 그가 좌절과 시련 속에서 어떻게 형통의 사람이 되었는지 살펴봅시다. 요셉은 야곱의 사랑을 받는 열한 번째 아들이었으나 형들의 시기로 인해 애굽의 노예로 팔려갔습니다. 애굽의 시위대장 보디발의 집에서 인정을 받게 되었지만, 보디발의 아내 때문에 억울한 옥살이를 하게 되었습니다. 어떻게 보면 요셉은 매사에 불통만 있는 것 같습니다. 하지만 요셉은 그 모든 불통을 이겨 내고 애굽의 총리에까지 이르게 되어 형통의 삶을 살게 되었습니다. 이처럼 요셉이 형통할 수 있었던 이유는 무엇일까요?

형통한 자가 되는 비결은 '여호와께서 함께 하심' 때문입니다.

성경은 요셉의 형통이 철저하게 하나님과 함께 하기 때문임을 강조하고 있습니다. 요셉은 어디를 가든지, 어떤 상황에서도 하나님께서 자신과 함께 하심을 잊지 않았고, 하나님을 원망하거나, 비난하지도 않았습니다. 형통은 내가 만드는 것이 아닙니다. 형통은 하나님의 선물입니다. 하나님과 함께 하는 사람은 요셉처럼 형통의 선물을 받게 되어 있습니다.

형통한 자의 범위는 '범사'입니다.

하나님의 형통은 범사에 형통하는 것입니다. 범사에는 좋은 일만 있는 것이 아닙니다. 때로는 시련과 고통 가운데 처하게 됩니다. 하지만 하나님께서는 시련과 고통을 통해서 더 큰 형통을 경험하게 하십니다. 요셉도 억울하게 옥살이를 했지만, 그 시련을 잘 견뎌냄으로써 애굽의 총리가 될 수 있었습니다. 형통한 사람은 일이 잘 안 되는 것 같고, 뭔가 어긋나는 것처럼 보여도 결국은 잘 되게 되어 있습니다.

형통함은 자기 일에 '성실한 사람'에게 찾아옵니다.

하나님은 성실한 사람을 형통하게 하십니다. 무슨 일을 맡던지 성실하게 최선을 다하는 사람은 하나님도, 사람도 좋아합니다. 요셉은 집 안에서도, 보디발의 집에서도, 감옥에서도 성실했습니다. 그의 성실함 덕분에 요셉은 애굽의 총리에까지 이르렀고, 총리가 되어서도 자신의 직분에 성실히 임했습니다. 요셉의 성실함으로 인해서 자신의 가족을 구원함은 물론이며 장차 이스라엘 민족의 기초를 세울 뿐 아니라 주변국들이 흉년으로 고통당할 때 애굽은 엄청난 복을 받게 되었습니다.

요셉은 실패한 인생을 살 수도 있었지만, 하나님과 함께 하는 삶을 살았기에 인생의 처절한 아픔과 고통을 이겨 낼 수 있었고, 성실한 자세로 자신의 일에 충성했기에 이웃을 축복케 하는 통로로서의 삶을 살 수 있었습니다. 요셉의 삶을 기억하면서 하나님의 함께 하심과 범사에 형통케 하심을 삶으로 보여 주는 삶을 사시기를 바랍니다.

1 요셉이 이끌려 애굽에 내려가매 바로의 신하 친위대장 애굽 사람 보디발이 그를 그리로 데려간 이스마엘 사람의 손에서 요셉을 사니라 2 여호와께서 요셉과 함께 하시므로 그가 형통한 자가 되어 그의 주인 애굽 사람의 집에 있으니 3 그의 주인이 여호와께서 그와 함께 하심을 보며 또 여호와께서 그의 범사에 형통하게 하심을 보았더라 4 요셉이 그의 주인에게 은혜를 입어 섬기매 그가 요셉을 가정 총무로 삼고 자기의 소유를 다 그의 손에 위탁하니 5 그가 요셉에게 자기의 집과 그의 모든 소유물을 주관하게 한 때부터 여호와께서 요셉을 위하여 그 애굽 사람의 집에 복을 내리시므로 여호와의 복이 그의 집과 밭에 있는 모든 소유에 미친지라 6 주인이 그의 소유를 다 요셉의 손에 위탁하고 자기가 먹는 음식 외에는 간섭하지 아니하였더라 요셉은 용모가 빼어나고 아름다웠더라

(창 39:1~6)

성경통독사경회
전북 부안 연합부흥회 인도
세례식
올투게더예배
My beloved is mine and I am his;
he browses among the lilies.

Until the day breaks and the shadows flee,
turn, my beloved, and be like a gazelle
or like a young stag on the rugged hills.

중보기도 서약

제자훈련 수료식

임직식

성탄예배

로

3.

믿음의 사람

모세
기드온
다윗
히스기야
다니엘
바울

모세

기드온

다윗

히스기야

다니엘

바울

믿음의 사람, 모세

　모세는 믿음의 사람이었습니다. 모세는 장성하여 바로의 공주의 아들이라 칭함 받기를 거절하고 하나님의 백성과 함께 고난 받기를 택하였습니다. 모세는 40년 동안 애굽의 왕자로서 온갖 부귀영화를 다 누렸고, 왕이 되기 위한 최고의 엘리트 교육을 받았습니다. 어느 날 바로의 공주는 모세에게 대권을 물려받아야 하니 입적을 하라고 명령합니다. 이제 모세는 마음만 먹으면 세계 최고의 권력자로서 애굽의 모든 것을 다 가지고 누릴 수가 있습니다. 하지만 모세는 거절하고 맙니다.

　모세에게 이 결정은 참으로 어려운 일이었을 것입니다. 이제 모세는 왕자로서의 화려한 생활을 모두 버리고, 노예복을 입고, 노예처럼 생활해야 합니다. 나일 강에서 죽을 수밖에 없었던 자신을 거두고, 키워 준 바로의 공주에 대한 인간적 도리도 무시해야 합니다. 또한 막강한 힘을 가진 바로와 공주를 배신했을 때 닥칠 혹독한 시련은 너무나 두렵습니다. '차라리 왕이 되어서 고생하는 내 민족을 도와주는 것이 더 좋은 방법이 아닐까?'라는 생각도 했을 것입니다.

하지만 모세는 기꺼이 왕자의 자리를 내려놓았습니다. 모세는 믿음으로 모든 것을 다 버렸습니다. "모세는 하나님의 백성들과 함께 하는 것이 잠시 죄악의 낙을 누리는 것보다 더 좋은 것으로, 지금 이렇게 그리스도를 위해서 받는 이 수모를 앞으로 애굽에서 받는 그 모든 보화보다도 더 큰 것으로 여겼다"고 합니다. 모세는 보이지 않는 하나님을 바라보았고, 바로 왕의 노함을 무서워하거나 두려워하지 않았습니다.

모세는 세상의 부귀영화를 버렸지만 하늘의 신령한 것을 가지게 되었습니다. 하나님께서는 하늘의 것으로 채워 주셨습니다. 하나님이 찾아오셔서 말씀해 주십니다. "두려우냐? 걱정하지 마라. 염려하지 마라. 내가 너와 함께 하겠다. 내가 너와 동행하겠다. 내가 너를 잘되게 하겠다. 너는 할 수 없으나 나는 할 수가 있다……." 하나님의 손에 모든 것을 내맡겼을 때 모세의 인생은 달라졌습니다. 모세는 200만 이스라엘 민족의 출애굽을 이끄는 위대한 지도자로 세워졌습니다.

오늘 우리는 어떻습니까? 주님께서 버리라고 하는 것을 지금까지 붙잡고 덜덜 떨고 있지 않으십니까? 붙잡은 것을 놓으면 죽을 것 같습니까? 주님은 그것을 놓으라고 하십니다. 믿음이 없는 사람은 버릴 수 없지만, 믿음이 있는 사람은 과감하게 버릴 수 있습니다. 우리가 신앙 생활 하는 데 방해되는 것, 믿음 생활 하는 데 잘못된 것, 주님은 그것

들을 버리기 원하십니다. 여러분! 하나님이 원하시는 것을 믿음으로
버리시기 바랍니다. 전능하신 하나님께서 여러분을 책임져 주실 것입
니다.

가던 길을 돌이키라

이스라엘의 출애굽 여정이 드디어 시작되었습니다. 하나님께서는 구름 기둥과 불 기둥을 보내셔서 그들이 나아가야 할 바를 알려 주셨습니다. 하나님께서는 이스라엘 자손에게 오던 길을 돌이켜 바다와 믹돌 사이의 비하히롯 앞 곧 바알스본 맞은편 바닷가에 장막을 치도록 명령하셨습니다.

그런데 이 명령은 매우 위험한 것이었습니다. 그곳은 가나안으로 가는 길목에 있지 않을 뿐 아니라, 바닷가라서 진을 쳤다가 애굽 군대가 쫓아오기라도 하면 꼼짝없이 앉아서 당할 수밖에 없기 때문이었습니다. 하지만 하나님께서는 이스라엘 백성들에게 가던 길을 돌이키라고 명령하셨습니다. 모세는 돌이키라는 명령에 순종하여 결단을 내립니다. 이스라엘 백성들을 이끌고 홍해 바다를 향해서 나아갔고, 거기에 장막을 쳤습니다.

이스라엘 백성들의 소식이 바로의 귀에 들어갔습니다. 바로와 신하들은 이스라엘 백성들을 풀어 준 것에 대해 후회했습니다. 바로는 마음이 완악해져서 이스라엘 백성들을 다시 잡아오기로 결정하고, 애굽의 모든 병거를 동원하여 추격하기 시작했습니다. 이 사실을 알게 된 이스라엘 백성들은 두려움과 원망으로 가득 차게 되었습니다. 하지만 하나님께서는 이스라엘 백성들에게 약속해 주셨습니다.

"너희는 두려워하지 말고 가만히 서서 여호와께서 오늘 너희를 위하여 행하시는 구원을 보라 너희가 오늘 본 애굽 사람을 영원히 다시 보지 아니하리라"(출 14:13)

하나님께서는 큰 동풍으로 바다를 가르셨고, 이스라엘 백성들은 무사히 홍해를 건너갔습니다. 그리고 뒤쫓아 오던 애굽의 군대들은 모조리 수장되고 말았습니다. 이 사건은 하나님의 능력과 역사가 이스라엘 백성들과 함께 하고 있다는 분명한 증거였습니다. 이스라엘 백성들은 전혀 해를 당하지 않고 승리의 기쁨을 맛보았습니다.

하나님께서는 때때로 우리로 하여금 가던 길을 돌이켜 가라고 명령하실 때가 있습니다. 자신이 가던 길을 돌이키는 것은 쉬운 일이 아닙니다. 어떤 어려움과 위험, 두려움에 처하게 될지 알 수 없습니다. 이스라엘 백성들처럼 때로는 죽음을 각오해야 할지도 모릅니다.

하지만 여러분 기억하십시오. 하나님께서는 우리의 구원을 이루기 위하여 행하신다는 사실입니다. 이스라엘 백성들은 자신들이 가던 길을 돌이킴으로써 어려움에 빠졌지만, 그들을 구원하시는 놀라운 하나님의 능력과 역사를 경험하였습니다. 우리가 믿음으로 돌이켜 가다가 어떠한 환란과 곤경을 만날지라도 홍해를 가르시는 하나님의 능력과

구원이 우리와 함께 하실 것입니다.

1 여호와께서 모세에게 말씀하여 이르시되 2 이스라엘 자손에게 명령하여 돌이켜 바다와 믹돌 사이의 비하히롯 앞 곧 바알스본 맞은편 바닷가에 장막을 치게 하라 3 바로가 이스라엘 자손에 대하여 말하기를 그들이 그 땅에서 멀리 떠나 광야에 갇힌 바 되었다 하리라 4 내가 바로의 마음을 완악하게 한즉 바로가 그들의 뒤를 따르리니 내가 그와 그의 온 군대로 말미암아 영광을 얻어 애굽 사람들이 나를 여호와인 줄 알게 하리라 하시매 무리가 그대로 행하니라 5 그 백성이 도망한 사실이 애굽 왕에게 알려지매 바로와 그의 신하들이 그 백성에 대하여 마음이 변하여 이르되 우리가 어찌 이같이 하여 이스라엘을 우리를 섬김에서 놓아 보내었는가 하고 6 바로가 곧 그의 병거를 갖추고 그의 백성을 데리고 갈새 7 선발된 병거 육백 대와 애굽의 모든 병거를 동원하니 지휘관들이 다 거느렸더라 8 여호와께서 애굽 왕 바로의 마음을 완악하게 하셨으므로 그가 이스라엘 자손의 뒤를 따르니 이스라엘 자손이 담대히 나갔음이라 9 애굽 사람들과 바로의 말들 병거들과 그 마병과 그 군대가 그들의 뒤를 따라 바알스본 맞은편 비하히롯 곁 해변 그들이 장막 친 데에 미치니라 10 바로가 가까이 올 때에 이스라엘 자손이 눈을 들어 본즉 애굽 사람늘이 자기들 뒤에 이른지라 이스라엘 자손이 심히 두려워하여 여호와께 부르짖고 11 그들이 또 모세에게 이르되 애굽에 매장지가 없어서 당신이 우리를 이끌어 내어 이 광야에서 죽게 하느냐 어찌하여 당신이 우리를 애굽에서 이끌어 내어 우리에게 이같이 하느냐 12 우리가 애굽에서 당신에게 이른 말이 이것이 아니냐 이르기를 우리를 내버려 두라 우리가 애굽 사람을 섬길 것이라 하지 아니하더냐 애굽 사람을 섬기는 것이 광야에서 죽는 것보다 낫겠노라 13 모세가 백성에게 이르되 너희는 두려워하지 말고 가만히 서서 여호와께서 오늘 너희를 위하여 행하시는 구원을 보라 너희가 오늘 본 애굽 사람을 영원히 다시 보지 아니하리라 14 여호와께서 너희를 위하여 싸우시리니 너희는 가만히 있을지니라

(출 14:1∼14)

여호와 닛시

출애굽한 이스라엘 백성들이 르비딤에 장막을 치고 있을 때 아말렉으로부터 공격을 받게 되었습니다. 이 싸움은 출애굽 이후에 이스라엘이 치른 최초의 전쟁으로서 이스라엘 백성들은 그전까지 전쟁의 경험도 없었고, 전쟁을 치를 만한 준비도 되어 있지 않았습니다. 게다가 에서의 후손이었던 아말렉 사람들은 매우 호전적이고 반항적인 성격을 가진 백성들이었습니다. 이스라엘 사람들에게는 청천벽력과도 같은 일이었습니다.

이스라엘 백성을 사랑하시는 하나님께서는 곧 전쟁을 준비시켰습니다. 여호수아로 하여금 전장을 지휘하도록 하였고, 모세는 하나님의 지팡이를 들고 산에 올라가 기도하도록 했습니다. 모세가 두 손을 높이 들고 기도하기 시작했습니다. 손을 들고 있을 때에는 이스라엘이 전쟁에 이겼지만, 손을 내리면 이스라엘이 전쟁에 지고 말았습니다. 모세는 힘을 다해 하나님의 말씀에 순종하여 기도에 전념하였지만 계속해서 팔을 지탱할 수는 없었습니다.

이때 하나님께서는 아론과 훌로 하여금 모세를 돕도록 하셨습니다.

아론과 훌은 양 옆에서 모세의 손을 붙들어 올렸습니다. 성경에는 "그 손이 해가 지도록 내려오지 아니하였다"고 기록하고 있습니다. 이스라엘 백성들은 하나님의 전적인 도우심으로 승리할 수 있었습니다. 이 사건을 통하여 하나님께서는 자신의 이름을 '여호와 닛시', 승리의 하나님으로 나타내셨습니다.

우리는 인생을 살아가면서 이스라엘 백성들이 경험한 것처럼 아말렉과 같은 거대한 도전을 끊임없이 맞이하게 됩니다. 아무런 준비도 되어 있지 않고, 싸울만한 힘도 없고, 내가 처한 환경에서는 그 도전에 맞서 싸워 이겨 내는 것이 도저히 불가능하게 보입니다. 때문에 너무 고통스럽고 힘이 듭니다. 우리는 이러한 어려움을 어떻게 극복해 나갈 수 있을까요?

모세가 하나님의 지팡이를 들고 하나님께 기도의 손을 높이 든 것처럼, 우리도 두 손을 높이 들어 하나님께 기도해야 합니다. 전쟁은 하나님께 달려 있습니다. 내 생각과 방법으로는 이길 수가 없습니다. 하나님의 능력과 지혜로 승리할 수 있습니다. 우리의 힘이 부족하다면 하나님께서는 아론과 훌과 같은 동역자들을 보내서라도 그 모든 도전들을 극복하고 승리할 수 있도록 우리를 인도해 주실 것입니다. 우리 하나님은 여호와 닛시, 승리의 하나님이시기 때문입니다.

여호와 닛시의 하나님을 경험하고 고백하는 여러분 되시기를 바랍니다.

순종으로 완전해지는 꿈

이스라엘의 출애굽과 광야 여정의 최종 목표는 가나안에 들어가는 것이었습니다. 많은 고난과 역경을 지나온 이스라엘 백성들은 드디어 가나안 땅을 지척에 두고 모압 평지에 진을 쳤습니다. 하나님께서는 모세를 느보 산 정상으로 부르셨습니다. 하나님께서는 모세에게 조상 때부터 약속한 가나안 땅을 다 보여 주셨습니다. 그 땅은 정말 아름다웠고, 젖과 꿀이 흐르는 땅이었습니다. 이스라엘 백성을 이끌어 왔던 위대한 지도자 모세는 감격하지 않을 수 없었습니다. 힘들었던 시간들이 주마등같이 흘러갑니다. 그러나 그때 하나님께서 말씀하셨습니다. "너는 그리로 건너가지 못하리라"(4b)

모세는 당황했습니다. 모세에게 가나안은 무엇과도 바꿀 수 없는 꿈이었습니다. 모세는 생각했습니다. '내가 이 꿈을 이루기 위해서 얼마나 많은 것들을 내려놓았는지, 쏟아지는 불평과 비난을 어떻게 참아 왔는지 하나님은 잘 아실 텐데……. 하나님은 왜 여기까지 오게 하셔서 포기하게 하시는 걸까?' 모세의 꿈은 산산조각 난 것 같았습니다. 하나님을 이해할 수 없었고, 원망과 한탄이 저절로 흘러 나왔습니다.

모세는 이 상황을 어떻게 받아들였을까요?

민수기 20장에 보면 모세는 므리바 물 사건으로 인한 벌로 가나안 땅에 들어가지 못할 것이라는 말씀을 듣게 되는데, 그 결과로 인해 오늘의 상황에 이르게 된 것입니다. 모세는 그 동안 자신이 세운 공로를 내세워서 가나안 땅에 들어갈 수 있게 해 달라고 때를 쓰지 않았습니다. 모세는 믿음으로 이 모든 것들을 받아들이기로 결정합니다. 가나안 땅에 너무나도 들어가고 싶었지만, 하나님의 명령에 순종한 것입니다. 모세는 자기 자신의 것을 포기함으로써 자신의 꿈을 완벽하게 이루게 됩니다. 모세는 자신이 직접 가나안에 들어갈 수는 없었지만, 하나님의 뜻에 순종함으로써 하나님이 자신에게 주신 꿈과 목표들을 완전하게 이룬 것입니다.

우리는 살아가면서 모두가 큰 꿈을 가지고 있습니다. 애쓰고 노력해서 그 꿈이 막 성취되는 순간 모세의 경우처럼 하나님의 뜻과 계획에 의해서 그만 그 꿈을 포기하거나 놓아야 할 경우가 생길 수 있습니다. 그때 우리는 꿈을 이루지 못한 실패자가 아니란 사실을 명심해야 합니다. 사실은 실패가 아니라 우리의 꿈이 완전하고 완벽하게 이루어지는 순간입니다. 하나님의 꿈과 우리의 꿈이 하나가 되는 순간입니다. 모세는 그 지혜를 깨달았기 때문에 믿음으로 순종한 것입니다. 이러한 지혜를 깨달아 순종의 삶을 사시기 바랍니다.

1 모세가 모압 평지에서 느보 산에 올라가 여리고 맞은편 비스가 산꼭대기에 이르매 여호와께서 길르앗 온 땅을 단까지 보이시고 2 또 온 납달리와 에브라임과 므낫세의 땅과 서해까지의 유다 온 땅과 3 네겝과 종려나무의 성읍 여리고 골짜기 평지를 소알까지 보이시고 4 여호와께서 그에게 이르시되 이는 내가 아브라함과 이삭과 야곱에게 맹세하여 그의 후손에게 주리라 한 땅이라 내가 네 눈으로 보게 하였거니와 너는 그리로 건너가지 못하리라 하시매 5 이에 여호와의 종 모세가 여호와의 말씀대로 모압 땅에서 죽어 6 벳브올 맞은편 모압 땅에 있는 골짜기에 장사되었고 오늘까지 그의 묻힌 곳을 아는 자가 없느니라 7 모세가 죽을 때 나이 백이십 세였으나 그의 눈이 흐리지 아니하였고 기력이 쇠하지 아니하였더라 8 이스라엘 자손이 모압 평지에서 모세를 위하여 애곡하는 기간이 끝나도록 모세를 위하여 삼십 일을 애곡하니라

(신 34:1∼8)

모세

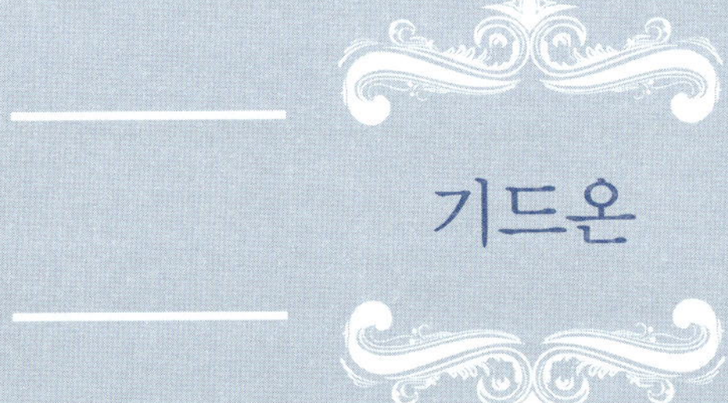

기드온

다윗

히스기야

다니엘

바울

큰 용사가 되라

이스라엘 자손이 하나님 앞에 악을 행하자 하나님께서는 7년 동안 미디안의 지배를 받도록 하였습니다. 미디안의 극심한 횡포에 이스라엘 사람들은 자기 집을 버리고 산속에 굴을 파고 살 지경이었습니다. 씨를 뿌릴 때면 군대를 이끌고 쳐들어와서 농사를 짓지 못하게 했고, 가축 한 마리조차 남겨 두지 않았습니다. 견디다 못한 이스라엘 백성들이 하나님께 간절히 부르짖자 하나님께서는 기드온을 사사로 세우셨습니다.

어느 날 여호와의 사자가 기드온에게 나타났습니다. "큰 용사여 여호와께서 너와 함께 계시도다. 너는 가서 이 너의 힘으로 이스라엘을 미디안의 손에서 구원하라 내가 너를 보낸 것이 아니냐."(14) 하나님의 부르심에 기드온이 대답했습니다. "나의 집은 므낫세 중에 극히 약하고 나는 내 아버지 집에서 가장 작은 자니이다"(15)

기드온은 이스라엘의 구원이란 엄청난 일을 감당할 만한 자신이 없었습니다. 자기 스스로를 연약한 자, 가장 작은 자라고 표현했습니다. 실제로 당시 기드온은 미디안 사람이 겁나서 밀을 포도주 틀에 숨어서 타작하고 있던 사람이었습니다. 게다가 포도주 틀에 들어갈 만큼 체격도 왜소했습니다. 기드온은 사사로 세워질 만한 조건을 한 가지도 갖추지 못한 사람이었습니다. 그런데도 하나님께서는 기드온을 부르셨습니다. 하나님께서는 왜 기드온을 부르셨을까요?

기드온은 "너와 함께 하겠다"는 하나님의 약속을 믿었습니다. 하나님께서는 포도주 틀 속에서 두려움으로 가득 차 떨고 있는 기드온을 하나님의 큰 용사로 변화시켜 주셨습니다. 믿음의 용사로 변화시켜 주신 것입니다. 하나님이 주시는 믿음은 이처럼 우리를 큰 용사로 만들어 줍니다.

하나님께서는 기드온뿐만 아니라 모든 그리스도인들을 하나님의 큰 용사로 삼기 원하십니다. 혹시 여러분들도 기드온처럼 포도주 틀에 갇힌 채 두려움과 좌절, 실패, 포기 가운데 살고 있지는 않습니까? 하나님께서는 연약한 자, 작은 자와 함께 하시는 분이십니다. 오늘 하나님께서 여러분과 함께 하시겠다고 약속해 주십니다.

기드온과 같이 믿음을 가지시기를 바랍니다. 하나님께서 모든 환경과 여건을 변화시켜 주실 것입니다. 믿음은 여러분을 큰 용사로 만들어 줄 것입니다. 성도 여러분 모두 하나님의 큰 용사로 세상 가운데에서 믿음으로 승리하시기를 바랍니다.

11 여호와의 사자가 아비에셀 사람 요아스에게 속한 오브라에 이르러 상수리나무 아래에 앉으니라 마침 요아스의 아들 기드온이 미디안 사람에게 알리지 아니하려 하여 밀을 포도주 틀에서 타작하더니 12 여호와의 사자가 기드온에게 나타나 이르되 큰 용사여 여호와께서 너와 함께 계시도다 하매 13 기드온이 그에게 대답하되 오 나의 주여 여호와께서 우리와 함께 계시면 어찌하여 이 모든 일이 우리에게 일어났나이까 또 우리 조상들이 일찍이 우리에게 이르기를 여호와께서 우리를 애굽에서 올라오게 하신 것이 아니냐 한 그 모든 이적이 어디 있나이까 이제 여호와께서 우리를 버리사 미디안의 손에 우리를 넘겨 주셨나이다 하니 14 여호와께서 그를 향하여 이르시되 너는 가서 이 너의 힘으로 이스라엘을 미디안의 손에서 구원하라 내가 너를 보낸 것이 아니냐 하시니라 15 그러나 기드온이 그에게 대답하되 오 주여 내가 무엇으로 이스라엘을 구원하리이까 보소서 나의 집은 므낫세 중에 극히 약하고 나는 내 아버지 집에서 가장 작은 자니이다 하니 16 여호와께서 그에게 이르시되 내가 반드시 너와 함께 하리니 네가 미디안 사람 치기를 한 사람을 치듯 하리라 하시니라

(삿 6:11~16)

한밤에 피는 향기

이스라엘 백성들이 가나안에 들어간 지 150년 쯤 되었을 때, 이들은 하나님을 버리고 산당에 바알 제단과 아세라 상을 세워 놓고 섬겼습니다. 자신들의 안전과 풍요로운 삶이 바알과 아세라 덕분이라 생각하고 하나님이 가장 싫어하시는 우상 숭배를 한 것입니다.

이때 하나님께서는 기드온을 사사로 부르십니다. 기드온이 여호와의 사자를 만난 밤이었습니다. 하나님께서는 기드온에게 바알의 제단을 헐고, 아세라 상을 찍고 여호와를 위한 단을 쌓고 번제를 지내라고 명령하셨습니다. 하나님의 소명을 받은 기드온이었지만 이것을 실행하기란 매우 어려운 일이었습니다. 기드온의 아버지 요아스가 바로 그 산당의 관리인이었기 때문이었습니다. 게다가 사람들은 바알과 아세라를 자신들의 수호신이자 풍요를 가져다주는 신으로 믿고 있었기 때문에 신상들을 훼손했다가 들키면 죽을 것이 뻔했습니다.

기드온에게 있어서 이 명령에 대한 순종은 이스라엘을 구원하라는 하나님의 소명을 실천하기 위한 마지막 시험과도 같은 것이었습니다. 기드온의 마음은 두려움으로 가득 찼고 괴로웠습니다. 그러나 기드온은 하나님의 명령에 순종하기로 결단합니다. 하나님의 말씀대로 바알 제단을 파괴하고, 아세라 상을 찍고, 수소로 번제를 드렸습니다.

순종은 파괴할 수 없는 것, 찍을 수 없는 것을 허물고 없애는 것입니다. 두려움에 주저하지 말고 용기를 내십시오. 하나님이 주시는 순종은 캄캄한 밤에 만들어지는 장미꽃 향기와 같습니다. 순종이라는 장미꽃 향기로 나와 이웃의 삶을 더욱 향기롭게 만들어 가시기를 바랍니다.

> 25 그 날 밤에 여호와께서 기드온에게 이르시되 네 아버지에게 있는 수소 곧 칠 년 된 둘째 수소를 끌어 오고 네 아버지에게 있는 바알의 제단을 헐며 그 곁의 아세라 상을 찍고 26 또 이 산성 꼭대기에 네 하나님 여호와를 위하여 규례대로 한 제단을 쌓고 그 둘째 수소를 잡아 네가 찍은 아세라 나무로 번제를 드릴지니라 하시니라 27 이에 기드온이 종 열 사람을 데리고 여호와께서 그에게 말씀하신 대로 행하되 그의 아버지의 가문과 그 성읍 사람들을 두려워하므로 이 일을 감히 낮에 행하지 못하고 밤에 행하니라 28 그 성읍 사람들이 아침에 일찍이 일어나 본즉 바알의 제단이 파괴되었으며 그 곁의 아세라가 찍혔고 새로 쌓은 제단 위에 그 둘째 수소를 드렸는지라 29 서로 물어 이르되 이것이 누구의 소행인가 하고 그들이 캐어 물은 후에 이르되 요아스의 아들 기드온이 이를 행하였도다 하고 30 성읍 사람들이 요아스에게 이르되 네 아들을 끌어내라 그는 당연히 죽을지니 이는 바알의 제단을 파괴하고 그 곁의 아세라를 찍었음이니라 하니 31 요아스가 자기를 둘러선 모든 자에게 이르되 너희가 바알을 위하여 다투느냐 너희가 바알을 구원하겠느냐 그를 위하여 다투는 자는 아침까지 죽임을 당하리라 바알이 과연 신일진대 그의 제단을 파괴하였은즉 그가 자신을 위해 다툴 것이니라 하니라 32 그 날에 기드온을 여룹바알이라 불렀으니 이는 그가 바알의 제단을 파괴하였으므로 바알이 그와 더불어 다툴 것이라 함이었더라
>
> (삿 6:25~32)

기드온의 용사

　기드온이 사사로 있을 때에 미디안과 아말렉과 동방 사람들이 요단 강을 건너와 이스라엘을 공격했습니다. 기드온은 각 지파에 사자들을 보내어 전쟁에 참여할 군사들을 모았습니다. 그렇게 모인 이스라엘의 군사는 모두 32,000명이었습니다. 반면에 미디안 연합군의 숫자는 자그마치 135,000명이나 되었습니다. 객관적인 전력상 비교가 되지 않았습니다. 미디안 연합군에 비해서 이스라엘 병사의 숫자가 적을 뿐 아니라 미디안 연합군은 훈련이 잘된 정예 부대였지만, 이스라엘의 군사들은 제대로 된 훈련 한 번 받지 못한 급조된 군대였기 때문입니다.

　그러나 하나님께서는 오히려 기드온에게 너를 따르는 백성이 너무 많으니 두려워서 떠는 자들을 돌아가게 하라고 명령했습니다. 이 명령에 의해서 22,000명이 돌아가고 10,000명이 남았습니다. 가뜩이나 숫자적으로 열세인데 아무리 두려워 떠는 자들이라고는 하지만 분명히 전쟁에 도움이 될 수 있는 사람들인데도 하나님께서는 그들을 돌려보내셨습니다. 그런데 하나님께서는 다시 명령을 내리십니다. 아직도 사람들이 많다고 하시면서 물가에서 개처럼 물을 혀로 핥아먹는 사람과 물을 마시기 위해서 무릎을 꿇고 엎드리는 사람 모두를 따로 세우라고 하셨습니다. 손에 물을 담아 가지고 핥아먹는 사람은 삼백 명이었고, 나머지 사람들은 모두 무릎을 꿇고 물을 마셨습니다. 하나님께서는 손에 물을 담아서 먹는 삼백 명 만을 선택하셨습니다. 이들을 통해서 이스라엘을 구원하고 미디안과 싸워 이기겠다고 약속해 주셨습니다.

하나님께서는 135,000명이라는 대군과 싸워야 하는 전쟁에서 왜 기드온과 300 용사만을 선택하셨을까요? 사사기 7장 2절에 그 이유가 나와 있습니다. 하나님께서는 만약 이스라엘이 전쟁에서 승리하게 되면 하나님을 모른 체하고 자기들 힘으로 이긴 줄 알고 스스로 자랑할까봐 염려가 되어서 그렇게 했다는 것입니다. 하나님은 이스라엘 백성들이 자기들의 힘과 능력이 아닌 하나님의 힘과 능력으로 하신 일들을 인정하기를 원하셨습니다.

기드온은 32,000명이나 되는 군사들 중에서 31,700명을 돌려보냈습니다. 한 명 한 명씩 보낼 때마다 마음이 어땠을까요? 그러나 기드온은 군사들을 보내면서 두려워하거나 떨지 않았습니다. 세상적으로 보면 전쟁에서 이길 가능성이 점점 더 희박해지는 것이지만, 기드온은 하나님의 뜻과 계획에 점점 더 가까워지고 있었습니다. 하나님을 더욱더 의지하게 되었고, 하나님을 향한 믿음도 충만해졌습니다.

우리도 기드온처럼 우리가 믿고 의지하는 세상적인 것들을 돌려보내야 합니다. 그것들은 우리로 하여금 하나님의 일하심을 보지 못하도록 합니다. 그동안 믿고 의지하던 것을 보내는 것으로 인해서 두려움과 불안이 찾아올 수도 있습니다. 하지만 기억하십시오. 우리가 믿고 의지하던 것을 하나씩 보낼 때마다 우리는 하나님을 향한 믿음으로 가득 찰 것이고, 하나님의 뜻과 계획에 더욱더 가까워질 것입니다.

> 1 여룹바알이라 하는 기드온과 그를 따르는 모든 백성이 일찍이 일어나 하롯 샘 곁에 진을 쳤고 미디안의 진영은 그들의 북쪽이요 모레 산 앞 골짜기에 있었더라 2 여호와께서 기드온에게 이르시되 너를 따르는 백성이 너무 많은즉 내가 그들의 손에 미디안 사람을 넘겨 주지 아니하리니 이는 이스라엘이 나를 거슬러 스스로 자랑하기를 내 손이 나를 구원하였다 할까 함이니라 3 이제 너는 백성의 귀에 외쳐 이르기를 누구든지 두려워 떠는 자는 길르앗 산을 떠나 돌아가라 하라 하시니 이에 돌아간 백성이 이만 이천 명이요 남은 자가 만 명이었더라 4 여호와께서 또 기드온에게 이르시되 백성이 아직도 많으니 그들을 인도하여 물 가로 내려 가라 거기서 내가 너를 위하여 그들을 시험하리라 내가 누구를 가리켜 네게 이르기를 이 사람이 너와 함께 가리라 하면 그는 너와 함께 갈 것이요 내가 누구를 가리켜 네게 이르기를 이 사람은 너와 함께 가지 말 것이니라 하면 그는 가지 말 것이니라 하신지라 5 이에 백성을 인도하여 물 가에 내려가매 여호와께서 기드온에게 이르시되 누구든지 개가 핥는 것 같이 혀로 물을 핥는 자들을 너는 따로 세우고 또 누구든지 무릎을 꿇고 마시는 자들도 그와 같이 하라 하시더니 6 손으로 움켜 입에 대고 핥는 자의 수는 삼백 명이요 그 외의 백성은 다 무릎을 꿇고 물을 마신 지라 7 여호와께서 기드온에게 이르시되 내가 이 물을 핥아먹은 삼백 명으로 너희를 구원하며 미디안을 네 손에 넘겨 주리니 남은 백성은 각각 자기의 처소로 돌아갈 것이니리 히시니 8 이에 백성이 양식과 나팔을 손에 든지라 기드온이 이스라엘 모든 백성을 각각 그의 장막으로 돌려보내고 그 삼백 명은 머물게 하니라 미디안 진영은 그 아래 골짜기 가운데에 있었더라
>
> (삿 7:1~8)

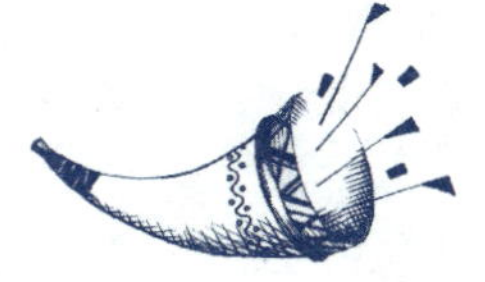

모세

기드온

다윗

히스기야

다니엘

바울

회개자의 축복

누구나 죄를 짓기는 쉽지만 진정으로 회개하는 것은 어렵습니다. 시편 51편은 회개에 대한 시로 다윗이 밧세바를 범한 사건을 배경으로 합니다. 밧세바는 다윗의 부하였던 우리야의 아내였습니다. 다윗은 밧세바를 취한 죄를 지은 것도 모자라서, 자신이 지은 죄를 은폐하기 위해서 우리야를 전쟁터의 최전선에 내보내 죽게 합니다. 다윗의 죄는 은밀하게 덮어지는 듯 했지만 하나님의 눈을 속일 수는 없었습니다. 하나님은 나단 선지자를 통해서 하나님의 말씀을 무시하고 악을 행한 다윗을 책망하셨습니다. 다윗은 자신의 수치를 감추고 싶었지만, 하나님 앞에서 도저히 고개를 들 수가 없었습니다. 자신의 죄를 인정하고 회개할 수밖에 없었습니다.

죄를 지은 자에게 필요한 것은 자신의 죄를 인정하고 회개하는 것입니다. 죄는 우리에게서 많은 것을 빼앗아 갑니다. 마음의 평안과 기쁨은 없어지고, 근심과 걱정, 고통만이 우리에게 남겨집니다. 죄를 짓고도 회개하지 않는 사람은 하나님의 존재를 인정하지 않는 것이요, 하나님과 동행하는 것이 아니라 하나님을 대적하고, 하나님을 떠나서 사는 삶을 살게 됩니다. 하나님은 우리와 함께 하시기 원합니다. 하나님은 우리가 진정한 회개를 통하여 우리의 파괴된 하나님의 형상이 온전히 회복되어 믿는 자에게 약속된 축복의 삶을 누리기를 원하십니다.

주님께 우리의 죄를 시인하고, 진심으로 회개해야 합니다. 우리가 진정으로 회개하면 다윗의 고백처럼 우리의 마음과 영이 정직해지고, 구원의 즐거움이 회복되며, 주님을 진정으로 찬송하게 됩니다. 회개의 고백을 통하여 회개자에게 주어지는 축복을 누리시기 바랍니다.

9 주의 얼굴을 내 죄에서 돌이키시고 내 모든 죄악을 지워 주소서 10 하나님이여 니 속에 정한 마음을 창조하시고 내 안에 정지한 영을 새롭게 하소서 11 나를 주 앞에서 쫓아내지 마시며 주의 성령을 내게서 거두지 마소서 12 주의 구원의 즐거움을 내게 회복시켜 주시고 자원하는 심령을 주사 나를 붙드소서 13 그리하면 내가 범죄자에게 주의 도를 가르치리니 죄인들이 주께 돌아오리이다 14 하나님이여 나의 구원의 하나님이여 피 흘린 죄에서 나를 건지소서 내 혀가 주의 의를 높이 노래하리이다 15 주여 내 입술을 열어 주소서 내 입이 주를 찬송하여 전파하리이다

(시 51:9~15)

일어나라

사울을 피해 도망 다니고 있던 다윗에게 한 소식이 전해집니다. 이스라엘의 '그일라'라는 지역에 블레셋 사람들이 쳐들어와서 타작한 곡식을 마구 약탈해 간다는 소식이었습니다. 다윗은 블레셋 사람들을 치러가도 되는지 하나님께 물었습니다. 하나님은 블레셋 사람을 치고 그일라를 구원하라고 답해 주셨습니다. 그러나 다윗의 부하들이 반대하고 나섰습니다. 사울의 추적을 피해 도망 다니는 상황에서 블레셋과 전쟁을 한다는 것은 너무나 위험한 일이었기 때문입니다. 다윗은 다시 한 번 하나님께 묻습니다. 하나님께서는 뭐라고 대답하셨을까요? "일어나 그일라로 내려가라 내가 블레셋 사람들을 네 손에 넘기리라"(삼상 23:4) 다윗은 하나님의 말씀에 확신을 얻어 그일라로 가서 블레셋을 치고 그일라를 구원하였습니다.

다윗은 자신이 쫓겨다니는 상황임에도 불구하고 왜 그일라를 구원하기로 마음을 먹었을까요? 또한 하나님께서는 왜 다윗의 상황을 잘 알면서도 그일라로 갈 것을 명령하시고, 승리를 예언하셨을까요? 그것은 이스라엘의 진정한 왕이 바로 다윗이었기 때문입니다. 블레셋의 그일라 침략 소식도 사울이 아니라 다윗에게 전해졌습니다. 사람들은 왕이었던 사울보다도 다윗을 더 신뢰했습니다. 다윗은 아직 왕은 아니었지만, 이미 왕으로 기름 부음을 받은 사람이었습니다. 왕은 무엇보다도 백성들을 살리고, 구원해야 할 책임을 가지고 있습니다. 이것은 하나님께서 다윗에게 주신 사명입니다.

하나님께서는 우리 각자에게도 사명을 주셨습니다. 다윗처럼 민족과 열방을 구원하는 큰 사명도 있고, 작고 소박한 사명도 있습니다. 중요한 것은 하나님의 백성으로 택함을 받은 자라면 누구나 하나님으로부터 믿지 않는 자들을 구원해야 할 사명을 받았다는 사실입니다. 그리고 그 사명은 먼 곳이 아니라 가까운 곳에서부터 시작되어야 합니다. 믿지 않는 부모, 가족, 친구로부터 시작해야 합니다. 우리에게 주어진 상황이 어떻든 간에 최선을 다한다면, 다윗에게 주어졌던 승리의 기쁨과 소식이 우리에게도 전해질 것입니다.

> 1 사람들이 다윗에게 전하여 이르되 보소서 블레셋 사람이 그일라를 쳐서 그 타작마당을 탈취하더이다 하니 2 이에 다윗이 여호와께 묻자와 이르되 내가 가서 이 블레셋 사람들을 치리이까 여호와께서 다윗에게 이르시되 가서 블레셋 사람들을 치고 그일라를 구원하라 하시니
>
> (삼상 23:1~2)

안전지대

사울에게 쫓겨다니면서도 블레셋에 약탈당하는 그일라를
도왔던 다윗은 그일라 사람들의 배신에 의해 사울에게 넘겨지게 되었
습니다. 다윗은 사울의 군대가 도착하기 전에 가까스로 자신의 사람
들 600명과 함께 그일라를 떠났습니다. 그일라를 빠져나오기는 했지
만, 안전하게 머무를 만한 곳은 없었습니다. 광야를 전전하며 숨어 지
내야만 했습니다. 사울의 추격이 끈질기게 계속되었기 때문입니다.
다윗과 그의 사람들은 지칠 대로 지쳐갔습니다. 추종자들 사이에서
불평과 불만들이 여기저기서 터져 나왔습니다. 다윗은 이 위기를 어
떻게 극복해 나갈 수 있을까요?

지금 다윗에게는 도저히 희망이 없어 보입니다. 그러나 "하나님이
그를 그의 손에 넘기지 아니하시니라"(14)라고 기록하고 있습니다. 하
나님께서 다윗을 사울의 손에 넘기지 않는 한 다윗은 절대로 잡히지
않습니다. 아무리 사울의 군대가 막강하고, 다윗을 겹겹으로 둘러싼
다 할지라도 하나님께서 다윗을 놓아버리지 않는 한 다윗은 안전하다
는 것입니다. 결국 다윗이 도망 다닌 곳은 어느 곳이든 하나님의 손과

품 안이었고, 안전지대였습니다. 다윗은 이런 하나님에 대한 믿음이 있었기에 도망자의 생활을 견뎌 낼 수 있었고 위기 가운데에서 여호와는 나의 산성, 방패, 구원, 요새라고 고백할 수 있었던 것입니다.

인생을 살아가는 동안 얼마나 많은 사울들이 나타나서 우리를 괴롭게 하는지 모릅니다. 우리를 쫓고, 가로막고, 고통과 위기 가운데로 몰아넣습니다. 다윗처럼 광야로 내몰아 쫓기며, 방황하게 만들기도 합니다. 세상에서 더 이상 안전하고, 믿을 곳은 없습니다. 하나님의 손과 품이 우리의 안전지대임을 기억해야 합니다. 하나님께서 우리를 그분의 손으로 강하게 붙들어 주신다면, 우리는 절대로 대적들에게 넘겨지지 않습니다. 그러므로 하나님을 믿고 그분의 손 안에 머무르는 삶을 살아가시기를 바랍니다. 인생의 고비마다 하나님께서 우리를 지키시고, 보호해 주시고, 인도해 주실 것입니다.

13 다윗과 그의 사람 육백 명 가량이 일어나 그일라를 떠나서 갈 수 있는 곳으로 갔더니 다윗이 그일라에서 피한 것을 어떤 사람이 사울에게 말하매 사울이 가기를 그치니라 14 다윗이 광야의 요새에도 있었고 또 십 광야 산골에도 머물렀으므로 사울이 매일 찾되 하나님이 그를 그의 손에 넘기지 아니하시니라

(삼상 23:13~14)

모세

기드온

다윗

히스기야

다니엘

바울

열정

히스기야 왕은 유다 왕조의 열세 번째 왕으로서 25세에 왕이
되었습니다. 친앗수르 정책으로 정치적, 종교적 독립성을 거의 상실
하고 있던 유다는 히스기야에 의해 새롭게 개혁되어 갑니다.

히스기야는 여호와께서 보시기에 정직했고, 여호와만을 의지하는
왕이었습니다. 히스기야는 왕위에 올라 종교개혁을 단행했습니다. 산
당들을 제거하고, 주상을 깨뜨리고, 아세라 목상을 찍으며, 모세가
만들었던 놋뱀을 부수고, 유월절 제사를 드렸습니다. 또한 앗수르와
의 관계를 끊어버렸습니다. 히스기야는 앗수르가 정치, 종교적으로
유다에게 매우 나쁜 영향을 끼치고 있기 때문에 그 관계를 끊어야 한
다고 생각했습니다. 하지만 당시 강대국이었던 앗수르를 배반하고 관
계를 끊는다는 것이 위험한 일이었기 때문에 그 결정은 쉽지 않았습니
다. 히스기야가 그렇게 결정할 수 있었던 이유는 무엇이었을까요?

그 이유는 바로 히스기야가 하나님을 너무나 사랑했기 때문입니다.
하나님을 사랑하는 사람은 하나님만을 의지합니다. 세상의 것을 의지
하지 않습니다. 더군다나 그것이 하나님께 나아가는 데 방해가 되는

것이라면 아무리 위험하고 두려운 상황에 빠지게 되더라도 흔들리지 않고 강하고 담대하게 행합니다. 하나님께서 함께 하시고, 지켜 주실 것이란 약속을 믿기 때문입니다. 바로 그때 그 사람은 세상이 감당할 수 없는 열정의 사람이 되는 것입니다. 그 결과 히스기야는 종교개혁의 어려운 과정들을 이겨 낼 수 있었고, 어디로 가든지 형통하는 축복을 받게 되었습니다.

우리의 삶에서도 히스기야처럼 부수어야 할 것, 끊어야 할 것, 깨야 할 것이 있습니까? 우리가 하나님께 나아가고 싶은데 방해가 되는 것, 하고 싶었는데 하지 못하게 했던 것, 되고 싶었는데 되지 못하게 했던 것들이 있습니까?

히스기야의 열정을 회복하십시오. 그리고 히스기야처럼 부수고, 깨고, 끊으십시오. 그 때문에 고립되거나, 시험에 닥치거나, 위험에 처하게 될 것이라고 걱정하지 마십시오. 하나님께서 여러분과 함께 하십니다. 여러분을 지켜 주실 것입니다. 열정의 사람은 어디를 가든지 형통하게 되어 있습니다. 열정의 사람으로 어디를 가든지 형통한 삶의 축복을 받아 누리시기 바랍니다.

1 이스라엘의 왕 엘라의 아들 호세아 제삼년에 유다 왕 아하스의 아들 히스기야가 왕이 되니 2 그가 왕이 될 때에 나이가 이십오 세라 예루살렘에서 이십구 년간 다스리니라 그의 어머니의 이름은 아비요 스가리야의 딸이더라 3 히스기야가 그의 조상 다윗의 모든 행위와 같이 여호와께서 보시기에 정직하게 행하여 4 그가 여러 산당들을 제거하며 주상을 깨뜨리며 아세라 목상을찍으며 모세가 만들었던 놋뱀을 이스라엘 자손이 이때까지 향하여 분향하므로 그것을 부수고 느후스단이라 일컬었더라 5 히스기야가 이스라엘 하나님 여호와를 의지하였는데 그의 전후 유다 여러 왕 중에 그러한 자가 없었으니 6 곧 그가 여호와께 연합하여 그에게서 떠나지 아니하고 여호와께서 모세에게 명령하신 계명을 지켰더라 7 여호와께서 그와 함께 하시매 그가 어디로 가든지 형통하였더라 저가 앗수르 왕을 배반하고 섬기지 아니하였고 8 그가 블레셋 사람들을 쳐서 가사와 그 사방에 이르고 망대에서부터 견고한 성까지 이르렀더라

(왕하 18:1~8)

기도의 능력

　　강대국인 앗수르와의 관계를 끊고 하나님과의 관계를 바로 세우고자 했던 히스기야에게 시련이 닥칩니다. 앗수르의 왕 산헤립이 18만 5천 명의 군사를 거느리고 유다를 침략한 것입니다. 앗수르의 엄청난 군대와 비교할 때 히스기야의 군대는 너무나 초라했습니다. 전쟁을 하나마나 결과는 뻔했습니다. 전쟁에서 이기기 위해서는 군사력과 무기가 기본적으로 갖추어져 있어야 합니다. 거기에 뛰어난 전략과 전술, 이 한 몸 바치리라는 뜨거운 사기도 있어야 합니다. 그런데 히스기야의 군대는 이 모든 것 중에 어느 것 하나 제대로 갖추지 못한 군대였습니다. 그러나 그 전쟁에서 앗수르의 군대는 하룻밤 만에 몰살을 당하고 히스기야의 군대가 승리하게 됩니다. 어떻게 승리할 수 있었을까요?

　　앗수르의 선전포고를 받은 히스기야는 그들의 회유와 협박을 받습니다. 그러나 히스기야는 이에 굴하지 않고 믿음 가운데 대처했습니다. 먼저 그는 옷을 찢으며 하나님 앞에 기도했습니다. 그뿐 아니라 선지자 이사야에게 도움을 구하고 함께 기도하도록 했습니다.

하나님은 히스기야의 간절한 기도에 응답하셨습니다. 히스기야의 기도는 18만 5천 명의 군대보다 강했습니다.

예레미야 33장 3절에 보면 "너는 내게 부르짖으라 내가 네게 응답하겠고 네가 알지 못하는 크고 은밀한 일을 네게 보이리라"고 말씀하십니다. 우리가 기도할 때 하나님은 일하십니다. 우리가 기도할 때 하나님은 나의 편이 되어 주십니다. 두려움을 떨쳐내고 이기게 하십니다. 전쟁의 승패는 무기에 있는 것이 아니라 하나님께 속한 것임을 명심해야 합니다.

성경 말씀에 보면 "여호와의 사자가 앗수르의 군대를 친지라"라고 기록되어 있습니다. 하룻밤 사이에 하나님의 사자가 18만 5천 명의 군대를 물리쳤습니다. 하나님은 사자를 보내어 대신 싸우게 하심으로써 히스기야를 가장 위대한 사람으로 세우고자 하셨고 하나님의 사람은 이긴다는 것을 보여 주셨습니다. 하나님께서는 연약한 히스기야를 통해 역사하셨습니다. 하나님을 믿는 히스기야를 통하여 하나님의 존재를 알리신 것입니다.

세상은 마치 전쟁터와 같습니다. 우리가 히스기야처럼 모든 것을 믿고, 맡기고, 기도한다면 전쟁터와 같은 세상에서 하나님께서는 우리로 하여금 승리하게 하실 것입니다. 하나님께서는 졸지도 주무시지도 않으시고 우리를 지켜 주시기 때문입니다. 하나님의 뜻과 말씀대로 살아가는 가운데 매일 매일 승리를 경험하시기 바랍니다.

> 35 이 밤에 여호와의 사자가 나와서 앗수르 진영에서 군사 십팔만 오천 명을 친지라 아침에 일찍이 일어나 보니 다 송장이 되었더라 36 앗수르 왕 산헤립이 떠나 돌아가서 니느웨에 거주하더니 37 그가 그의 신 니스록의 신전에서 경배할 때에 아드람멜렉과 사레셀이 그를 칼로 쳐죽이고 아라랏 땅으로 그들이 도망하매 그 아들 에살핫돈이 대신하여 왕이 되니라
>
> (왕하 19:35~37)

기적을 구하다

히스기야가 병에 걸려서 죽게 되었을 때, 히스기야는 하나님 앞에 나아가 통회, 자복하며 간절히 기도했습니다. 드디어 하나님께서는 히스기야의 기도를 듣고 눈물을 보셨기에, 히스기야는 3일 만에 성전에 다시 올라갈 수 있을 것이란 약속을 받게 되었습니다. 이때 히스기야가 이사야에게 묻습니다. "여호와께서 나를 낫게 하시고 3일 만에 여호와의 성전에 올라가게 하실 무슨 징표가 있나이까?"(8) 이사야가 히스기야에게 대답합니다. "여호와께서 하신 말씀을 응하게 하실 일에 대하여 여호와께로부터 왕에게 한 징표가 임하리이다 해 그림자가 십도를 나아갈 것이니이까 혹 십도를 물러갈 것이니이까"(9) 히스기야는 해 그림자가 앞으로 십도 가는 것은 쉬운 일이니 뒤로 십도 가게 해달라고 이사야에게 부탁합니다.

히스기야는 왜 병이 나았다는 징표를 요구했을까요? 게다가 해가 앞으로 가는 일도 어려운 일인데, 왜 해가 뒤로 가게 해 달라고 했을까요?

해시계 앞에 많은 사람들이 둘러섰습니다. 의심과 의혹의 눈초리로 해시계를 바라보고 있었습니다. 바로 그때, 놀라운 기적이 일어났습니다. 해 그림자가 10도나 뒤로 물러난 것입니다. 태양이 1도, 1도 뒤로 물러날 때마다 히스기야는 하나님의 은혜와 사랑에 감격했습니다. 얼마나 좋았던지 땅이 꺼질 것처럼 펄쩍펄쩍 뛰면서 소리 질렀습니다. 하나님께서는 정말로 히스기야에게 징표를 보여 주셨습니다. 그의 눈물을 보고, 기도를 들으신 것입니다. 히스기야뿐 아니라 그곳에 모인 모든 사람들이 살아 계신 하나님의 기적을 경험하게 되었습니다. 태양을 신으로 믿고 섬기는 사람들에게 하나님께서는 자신의 능력으로 태양도 마음대로 움직일 수 있음을 보여 줌으로써 하나님의 참 하나님 되심을 증거했습니다.

히스기야처럼 하나님을 믿고, 따르는 사람들에게는 기적의 역사가 일어납니다. 이런 사람들은 상식적인 것, 합리적인 것, 누구나 얻을 수 있는 것에 만족하지 않습니다. 인간의 생각과 판단, 지혜를 넘어서는 하나님의 역사와 기적을 기대합니다. 여러분은 하나님께 어떤 기대와 소망을 가지고 계십니까? 어떤 하나님의 기적과 역사, 만남을 기대하고 계십니까?

우리의 믿음과 신앙이 언제나 상식선에서 머무를 수는 없습니다. 때로는 이해되지 않는 것, 구할 수 없는 것, 상상조차 할 수 없는 것을 하나님께 구해야 합니다. 믿음을 가지고 하나님께 구하십시오. 하나님은 사랑하는 자의 기도를 들으시고, 응답하시기 때문에 우리가 구하는 기적은 반드시 이루어지게 되어 있습니다.

8 히스기야가 이사야에게 이르되 여호와께서 나를 낫게 하시고 삼 일 만에 여호와의 성전에 올라가게 하실 무슨 징표가 있나이까 하니 9 이사야가 이르되 여호와께서 하신 말씀을 응하게 하실 일에 대하여 여호와께로부터 왕에게 한 징표가 임하리이다 해 그림자가 십도를 나아갈 것이니이까 혹 십도를 물러갈 것이니이까 하니 10 히스기야가 대답하되 그림자가 십도를 나아가기는 쉬우니 그리 할 것이 아니라 십도가 뒤로 물러갈 것이니이다 하니라 11 선지자 이사야가 여호와께 간구하매 아하스의 해시계 위에 나아갔던 해 그림자를 십도 뒤로 물러가게 하셨더라

(왕하 20:8~11)

교만의 위험

히스기야는 하나님의 은혜로 죽을병에서 다시 살아났을 뿐만 아니라 병이 나을 것이라는 징표로 해 그림자가 십도나 뒤로 가는 기적을 경험하였습니다. 바로 그때 바벨론의 왕 브로닥발라단이 히스기야가 병들었다가 나았다는 소식을 듣고, 히스기야에게 편지와 예물을 보내왔습니다. 히스기야 왕은 바벨론의 사신에게 왕궁의 보물고와 군기고와 창고의 모든 것을 다 보여 주었습니다. 하나님께서는 히스기야가 바벨론의 사신에게 한 행동에 대해서 책망하셨습니다. 이사야를 통해서 왕궁의 모든 것과 조상들이 오늘까지 쌓아 두었던 모든 것을 바벨론으로 옮겨 갈 것이라고 말씀하셨습니다.

앗수르의 18만 5천 명의 군대를 쳐부순 것도, 죽을병을 낫게 해 주신 것도, 징표로 해 그림자를 십도나 뒤로 가게 한 것도 모두 하나님께서 하신 일이었습니다. 하지만 히스기야는 바벨론 사신에게 하나님을 자랑한 것이 아니라, 자기의 보물을 자랑하고 자신이 이룩한 것을 드러내고자 했습니다. 하나님으로부터 큰 은혜를 받았지만, 감사하지 않고 마음이 교만해져서 경솔한 행동을 하게 된 것입니다.

우리도 히스기야처럼 하나님께서 우리에게 부어주시는 은혜를 날마다 경험하면서도 감사하지 못하고, 하나님이 하신 것을 자기가 한 것처럼 착각하고 자랑할 때가 많이 있습니다. 교만은 우리를 더 큰 위험 가운데로 몰아넣기 때문에 조심해야 합니다. 우리의 삶을 인도하시고, 보호하시며, 부요케 하시는 분이 내가 아니라 하나님임을 기억하고, 고백할 때 우리는 은혜 받을 만한 자격이 있는 사람이 됩니다. 날마다 하나님이 주신 은혜에 감사하고, 송축하는 삶을 사시기 바랍니다.

> 12 그 때에 발라단의 아들 바벨론의 왕 브로닥발라단이 히스기야가 병들었다 함을 듣고 편지와 예물을 그에게 보낸지라 13 히스기야가 사자들의 말을 듣고 자기 보물고의 금은과 향품과 보배로운 기름과 그의 군기고와 창고의 모든 것을 다 사자들에게 보였는데 왕궁과 그의 나라 안에 있는 모든 것 중에서 히스기야가 그에게 보이지 아니한 것이 없더라 14 선지자 이사야가 히스기야 왕에게 나아와 그에게 이르되 이 사람들이 무슨 말을 하였으며 어디서부터 왕에게 왔나이까 히스기야가 이르되 먼 지방 바벨론에서 왔나이다 하니 15 이사야가 이르되 그들이 왕궁에서 무엇을 보았나이까 하니 히스기야가 대답하되 내 궁에 있는 것을 그들이 다 보았나니 나의 창고에서 하나도 보이지 아니한 것이 없나이다 하더라 16 이사야가 히스기야에게 이르되 여호와의 말씀을 들으소서 17 여호와의 말씀이 날이 이르리니 왕궁의 모든 것과 왕의 조상들이 오늘까지 쌓아 두었던 것이 바벨론으로 옮긴 바 되고 하나도 남지 아니할 것이요 18 또 왕의 몸에서 날 아들 중에서 사로잡혀 바벨론 왕궁의 환관이 되리라 하셨나이다 하니 19 히스기야가 이사야에게 이르되 당신이 전한 바 여호와의 말씀이 선하니이다 하고 또 이르되 만일 내가 사는 날에 태평과 진실이 있을진대 어찌 선하지 아니하리요 하니라
>
> (왕하 20:12~19)

모세

기드온

다윗

히스기야

다니엘

바울

다니엘의 기도(1)

바벨론이 멸망하고, 메대 사람 다리오가 왕이 되었을 때 다니엘은 총리가 되었습니다. 다니엘은 다른 관리들보다 뛰어났기 때문에 다리오 왕은 다니엘에게 나라 전체를 맡기려 하였습니다. 그러자 다른 총리와 고관들은 다니엘을 시기하고 질투하면서 다니엘의 잘못이나 흠을 찾으려고 노력했지만 찾을 수가 없었습니다. 그러자 그들은 왕에게 앞으로 30일 동안 왕 이외에 다른 신이나 사람에게 절하는 사람은 누구든지 사자 굴에 집어 넣는 법을 만들도록 했습니다. 그들은 다니엘이 하루 세 번씩 무릎 꿇고 하나님께 기도한다는 사실을 잘 알고 있었기 때문에 함정을 만든 것입니다. 이제 다니엘은 어떤 선택을 할까요?

다니엘 6장 10절 말씀에 보면 "전에 하던 대로 하루 세 번씩 무릎을 꿇고 기도하며 그의 하나님께 감사하였더라" 라고 기록되어 있습니다. 진정한 기도는 세상 신과 세상의 방법 앞에 엎드리는 것이 아닙니다. 진정한 기도는 천지만물을 지으시고 운행하시고 섭리하시는 하나님 앞에 엎드리는 것입니다. 다니엘은 자신이 하나님께 기도하는 것으로 인하여 사자 굴에 던져지면 죽게 될 수도 있다는 사실을 잘 알고 있었습니다. 그러나 다니엘은 뒤로 물러서지 않았습니다. 자신의 믿음과 신앙을 당당하게 지켰습니다. 다니엘은 진정한 기도의 사람이기 때문입니다.

다니엘의 우선순위는 하나님께 기도하는 것이었습니다. 다니엘의 신앙과 뛰어난 지혜는 그 기도로부터 나온 것이었습니다. 우리는 때로 우리에게 닥친 일들에 정신이 팔린 나머지, 기도하는 것을 우선순위에 두지 않을 때가 많습니다. 세상의 사람이나 방법을 의지하려고 할 때도 있습니다. 그럴 때마다 다니엘의 기도를 기억하십시오. 다니엘처럼 기도를 우선순위에 두고, 오직 하나님 한 분 만을 생각하고 기도하시기를 바랍니다.

> 1 다리오가 자기의 뜻대로 고관 백이십 명을 세워 전국을 통치하게 하고 2 또 그들 위에 총리 셋을 두었으니 다니엘이 그 중의 하나이라 이는 고관들로 총리에게 자기의 직무를 보고하게 하여 왕에게 손해가 없게 하려 함이었더라 3 다니엘은 마음이 민첩하여 총리들과 고관들 위에 뛰어나므로 왕이 그를 세워 전국을 다스리게 하고자 한지라
>
> (단 6:1∼3)

다니엘의 기도(2)

다니엘을 고발하려던 총리와 고관들은 삼십 일 동안 왕 외의 다른 신이나 사람에게 절을 하면 사자 굴에 던져 넣는 법을 만들었습니다. 이 법은 다니엘을 함정에 빠뜨리기 위한 것이었습니다. 다니엘은 조서에 어인이 찍힌 줄 알고 있었습니다. 이제 자신이 늘 하던 대로 기도하게 되면 사자 굴에 던져질 것을 누구보다도 잘 알고 있었습니다. 다른 사람 같으면 기도를 잠시 그만두더라도 어떻게 하든지 살 궁리를 하겠지만 다니엘은 기도하기를 포기하지 않습니다. 다니엘에게 있어서 기도가 무엇이기에 자신의 목숨을 걸고 원수가 쳐놓은 올무를 알면서도 들어가 사자 밥이 되어야 하는 것일까요?

다니엘에게 있어서 기도는 세상에서 가장 소중한 것이었습니다. 세상의 어떤 것도 기도를 방해할 수 없습니다. 기도는 포기할 수 없는 것입니다. 하다 말다 하는 것이 아니라 계속 해야만 하는 것입니다. 기도는 영혼의 호흡입니다. 호흡을 멈출 수 없듯이 기도도 멈춰서는 안 됩니다. 계속 해야만 하는 것입니다. 기도를 아는 사람은 그 어떤 상황 속에서도 기도를 중단하지 않습니다. 위험할 때도, 힘들 때도,

바쁠 때도, 피곤할 때도, 기도의 응답이 더디 올 때도 포기하지 않습니다. 모든 상황을 바꿀 수 있는 분은 세상의 무엇이 아니라 하나님임을 잘 알고 있기 때문입니다.

이런 기도의 결과는 무엇일까요? 하나님께서는 다니엘의 기도를 듣고 큰 축복을 허락하셨습니다. 지금까지 자기를 모함하던 정적들이 백일하에 드러나게 되었고, 그 처지와 상황이 뒤바뀌었습니다. 사자 굴 안에 있던 다니엘은 몸이 조금도 상하지 않았고 이 일로 인해 페르시아의 온 백성들이 하나님을 알게 되었습니다. 이스라엘의 하나님이 위대한 분이란 것을 이방 민족에게 똑똑히 알려 준 것입니다. 또한 이스라엘 백성들은 포로 생활 중에 큰 위로와 힘을 얻었습니다. 하나님께서는 다니엘을 버린 것이 아니라 다니엘을 들어 세우시고, 살아 계신 하나님을 널리 증거한 것입니다.

많은 그리스도인들이 여러 가지 이유와 핑계를 들어서 기도하기를 포기합니다. 기도는 무엇을 얻고자 함이 아닙니다. 기도를 통해서 하나님을 만나고, 그분의 뜻을 구하고, 그것이 하나님의 심정임을 아는 것입니다.

다니엘의 기도를 본받아 포기하지 말고 계속해서 기도하시기를 바랍니다. 기도에 대한 희망이 불같이 일어나고, 여러분의 기도가 놀랍게 회복되는 은총이 여러분과 함께 할 것입니다.

11 그 무리들이 모여서 다니엘이 자기 하나님 앞에 기도하며 간구하는 것을 발견하고 12 이에 그들이 나아가서 왕의 금령에 관하여 왕께 아뢰되 왕이여 왕이 이미 금령에 왕의 도장을 찍어서 이제부터 삼십 일 동안에는 누구든지 왕 외의 어떤 신에게나 사람에게 구하면 사자 굴에 던져 넣기로 하지 아니하였나이까 하니 왕이 대답하여 이르되 이 일이 확실하니 메대와 바사의 고치지 못하는 규례니라 하는지라 13 그들이 왕 앞에서 말하여 이르되 왕이여 사로잡혀 온 유다 자손 중에 다니엘이 왕과 왕의 도장이 찍힌 금령을 존중하지 아니하고 하루 세 번씩 기도하나이다 하니 14 왕이 이 말을 듣고 그로 말미암아 심히 근심하여 다니엘을 구원하려고 마음을 쓰며 그를 건져내려고 힘을 다하다가 해가 질 때에 이르렀더라 15 그 무리들이 또 모여 왕에게로 나아와서 왕께 말하되 왕이여 메대와 바사의 규례를 아시거니와 왕께서 세우신 금령과 법도는 고치지 못할 것이니이다 하니

(단 6:11~15)

새벽을 연다

다니엘은 정적들의 모함에 빠져 왕의 금령을 어기게 되었고, 그로 인해 사자 굴 속에 던져졌습니다. 다니엘을 아꼈던 다리오 왕은 걱정이 되어 밤새도록 잠을 이룰 수 없었습니다. 날이 밝자마자 사자 굴로 달려가서 다니엘에게 안부를 묻자 그가 대답합니다. "왕은 만수무강 하옵소서" 다니엘이 살아 있음을 알게 된 왕은 매우 기뻐하면서 그를 굴에서 꺼내어 보니 그의 몸은 조금도 상하지 않았습니다. 지난 밤에 다니엘에게는 무슨 일이 일어났을까요?

사자 굴 속의 다니엘은 큰 환난과 고통 가운데에서 기도조차 할 수 없을 만큼 힘들었습니다. 동료들의 배신과 모함에, 심지어는 하나님으로부터도 버림받은 것처럼 느껴졌습니다. 마지막 남아 있는 믿음조차도 꺼져갈 것 같았습니다. 그러나 다니엘은 지금이 기도해야 할 때임을 곧 깨닫게 됩니다. 그 새벽에 다니엘은 자신의 꺼져가는 믿음을 붙잡고 기도를 계속해 나갑니다. 바로 그때 하나님께서는 사랑하는 다니엘에게 나타나십니다. 하나님은 천사를 보내어 사자의 입을 봉하도록 했습니다. 전능하신 하나님은 다니엘을 위해서 사자의 본성까지 바꾸셔서 그의 몸이 조금도 상하지 않도록 하신 것입니다.

　기도는 새벽을 엽니다. 우리 인생의 새벽을 새롭게 엽니다. 하나님은 자신을 맡기고 기도하는 자에게 다양한 모습으로 나타나셔서 역사하십니다. 기도하는 사람은 다니엘처럼 사자를 통해서도 하나님을 만나고 경험할 수 있습니다. 만약 여러분이 다니엘과 같은 억울함 가운데 처해 있다면, 여러분의 가정과 직장이 감당할 수 없는 위기에 처해 있다면 지금 기도의 자리로 나오시기 바랍니다. 하나님 앞에 모든 무거운 짐을 내려놓고, 구하고 맡기시기 바랍니다. 다니엘을 통하여 하나님이 살아 계시고 전능하신 분이란 것을 나타내 보여 주신 것처럼 여러분의 삶을 통해서도 하나님께서 역사하실 것입니다.

19 이튿날에 왕이 새벽에 일어나 급히 사자 굴로 가서 20 다니엘이 든 굴에 가까이 이르러서 슬피 소리 질러 다니엘에게 묻되 살아 계시는 하나님의 종 다니엘아 네가 항상 섬기는 네 하나님이 사자들에게서 능히 너를 구원하셨느냐 하니라 21 다니엘이 왕에게 아뢰되 왕이여 원하건대 왕은 만수무강 하옵소서 22 나의 하나님이 이미 그의 천사를 보내어 사자들의 입을 봉하셨으므로 사자들이 나를 상해하지 못하였사오니 이는 나의 무죄함이 그 앞에 명백함이오며 또 왕이여 나는 왕에게도 해를 끼치지 아니하였나이다 하더라 23 왕이 심히 기뻐서 명하여 다니엘을 굴에서 올리라 하매 그들이 다니엘을 굴에서 올린즉 그의 몸이 조금도 상하지 아니하였으니 이는 그가 자기의 하나님을 믿음이었더라 24 왕이 말하여 다니엘을 참소한 사람들을 끌어오게 하고 그들을 그들의 처자들과 함께 사자 굴에 던져 넣게 하였더니 그들이 굴 바닥에 닿기도 전에 사자들이 곧 그들을 움켜서 그 뼈까지도 부서뜨렸더라

(단 6:19~24)

모세

기드온

다윗

히스기야

다니엘

바울

결박당한 결박

사울이 예수 믿는 사람들을 결박하여 예루살렘으로 끌고 가기 위해서 다메섹으로 가던 중에 놀라운 사건이 일어났습니다. 사울은 누구보다도 예수님의 제자들을 위협하고, 핍박하는 일에 앞장섰던 사람이었습니다. 이 날도 예수 믿는 사람들을 결박하기 위해 길을 가던 중에 하늘에서 밝은 빛이 사울을 비추면서 음성이 들렸습니다. "사울아 사울아 네가 어찌하여 나를 박해하느냐"(4) "나는 네가 박해하는 예수라"(5) 사울은 예수님의 부르심을 받고 회개합니다. 사울은 예수님을 따르는 사람들을 결박하고자 했지만, 이제는 예수님께 결박당한 사람이 된 것입니다.

예수님께 결박당한다는 것은 세상의 결박으로부터 풀려나는 것입니다. 세상의 결박을 풀기 위해서는 세상에서 자신이 추구하고 쌓았던 것들을 내려놓아야 합니다. 사울도 자신의 기득권과 학문, 지위, 명예 모든 것을 내려놓았습니다. 그러고 나서 사울은 예수님께 결박당합니다. 사울은 볼 수도, 말할 수도, 먹을 수도 없었지만 예수님께 결박당하고 나서 새롭게 변화됩니다. 시기, 질투하던 눈이 사랑과 긍휼의 눈으로 바뀝니다. 저주, 원망, 독설을 뿜던 입이 사람을 살리고,

위로, 격려, 용기를 주는 입으로 바뀝니다. 이제 사울은 더 이상 결박하는 사람이 아니라 세상의 결박에 묶인 채 죽어가고 있는 영혼들을 풀어 주는 사람이 됩니다.

우리도 사울처럼 예수님께 결박당한 사람들입니다. 우리의 가치관과 인생의 중심은 예수 그리스도입니다. 세상에 결박당하여 방황하고, 원망하고, 불평하고, 세상의 것에 빠져 갈팡질팡하는 사람들과는 차원이 다릅니다. 때때로 믿지 않는 사람이 보기에는 오히려 우리가 결박당한 것처럼 보이기도 합니다. 그럴수록 우리 주님께 한 발자국 더 나아가십시오. 우리가 더욱더 단단하게 결박당할수록 우리는 주님의 품 안에서 진정한 영적 자유를 누리게 될 것입니다.

> 1 사울이 주의 제자들에 대하여 여전히 위협과 살기가 등등하여 대제사장에게 가서 2 다메섹 여러 회당에 가져갈 공문을 청하니 이는 만일 그 도를 따르는 사람을 만나면 남녀를 막론하고 결박하여 예루살렘으로 잡아오려 함이라 3 사울이 길을 가다가 다메섹에 가까이 이르더니 홀연히 하늘로부터 빛이 그를 둘러 비추는지라 4 땅에 엎드러져 들으매 소리가 있어 이르시되 사울아 사울아 네가 어찌하여 나를 박해하느냐 하시거늘 5 대답하되 주여 누구시니이까 이르시되 나는 네가 박해하는 예수라 6 너는 일어나 시내로 들어가라 네가 행할 것을 네게 이를 자가 있느니라 하시니 7 같이 가던 사람들은 소리만 듣고 아무도 보지 못하여 말을 못하고 서 있더라 8 사울이 땅에서 일어나 눈은 떴으나 아무 것도 보지 못하고 사람의 손에 끌려 다메섹으로 들어가서 9 사흘 동안 보지 못하고 먹지도 마시지도 아니하니라
>
> (행 9:1~9)

즉시로

　사울은 예수 믿는 사람들을 결박하여 예루살렘으로 잡아가는 일을 하기 위해 다메섹으로 가던 중에 예수님의 부르심을 받게 되었습니다. 주님의 음성과 함께 하늘로부터 빛이 비춘 후에 사울은 보지도, 먹지도, 마시지도 못했습니다. 사울이 직가 거리에 있는 유다의 집에 머물러 있을 때 아나니아가 계시를 받고 사울을 찾아와서 안수합니다. 아나니아의 안수기도를 받고 나서야 사울은 다시 보게 되었고 몸이 회복되어 강건하여졌습니다. 또한 세례를 받고 성령의 충만하심을 경험하였습니다.

　다메섹으로 가던 중에 예수님을 만났던 체험은 사울을 변화시켰습니다. 예수 믿는 사람을 결박하던 사람이 오히려 예수님께 결박되어 다른 사람들에게 결박당할 각오를 가지고, 예수님을 증거하는 사람이 된 것입니다. 위협과 살기, 적개심으로 가득 찼던 악한 마음은 다 사라지고, 주님의 사랑으로 가득 차서 온화하고 평안한 사람이 되었습니다. 이제 그 마음은 기쁨과 환희로 가득 찼습니다. 예수님의 제자로서의 삶이 새롭게 시작된 것입니다.

　사울은 즉시로 행하는 자였습니다. 사도행전 9장 20절에 "즉시로 각 회당에서 예수가 하나님의 아들이심을 전파하니"라고 기록하고 있습니다. 여기서 '즉시로'라는 표현을 주목해야 합니다. 사울은 예수가 하나님의 아들이심을 전파하지 않고서는 견딜 수가 없었습니다. 하나님의 은혜와 사랑을 깊이 경험한 자로서 그 사실을 전하지 않을 수 없었기 때문에 '즉시로' 복음 전파에 앞장선 것입니다. 우리는 스스로에게 이러한 사울의 뜨거운 열정이 있는지에 대해서 질문해 보아야 합니다. 주님의 은혜와 사랑에 감격하여 그 소식을 전하지 않고서는 견딜 수 없는 사람인지 말입니다.

　우리가 세상을 살아갈 때에 하나님을 전하기 어렵고 힘든 상황인데도 하나님께서는 세상으로 나가 전파하라고 명령하실 때가 있습니다. 하나님의 일인지는 알지만 그것을 행하기가 어려울 때도 있습니다. 그것이 주님의 뜻이라면 우리는 '즉시로' 행해야 합니다. 즉시 행한다는 것은 주님의 뜻과 명령에 대한 전적인 신뢰, 동의, 순종입니다. 하나님을 전파하고 하나님의 뜻을 행하는 것이 어렵게 느껴지기도 하지만, 주님을 사랑하기에 주님의 일이기에 믿음으로 행하는 것입니다.

　우리의 신앙은 '즉시로' 신앙입니다. 주저하거나, 망설이거나, 두려워하지 마십시오. 예수님도, 제자들도, 사울도 그렇게 했습니다. '즉시로' 신앙으로 우리의 신앙을 더욱더 견고하게 세워갑시다.

19 음식을 먹으매 강건하여지니라 사울이 다메섹에 있는 제자들과 함께 며칠 있을 새 20 즉시로 각 회당에서 예수가 하나님의 아들이심을 전파하니 21 듣는 사람이 다 놀라 말하되 이 사람이 예루살렘에서 이 이름을 부르는 사람을 멸하려던 자가 아니냐 여기 온 것도 그들을 결박하여 대제사장들에게 끌어 가고자 함이 아니냐 하더라 22 사울은 힘을 더 얻어 예수를 그리스도라 증언하여 다메섹에 사는 유대인들을 당혹하게 하니라 23 여러 날이 지나매 유대인들이 사울 죽이기를 공모하더니 24 그 계교가 사울에게 알려지니라 그들이 그를 죽이려고 밤낮으로 성문까지 지키거늘 25 그의 제자들이 밤에 사울을 광주리에 담아 성벽에서 달아 내리니라

(행 9:19~25)

밤중의 비전

 2차 전도 여행 중이었던 바울은 아시아로 가서 복음을 전하고 싶었지만 성령님께서는 아시아 전도를 막으셨습니다. 드로아에 머물러 있던 바울은 한밤중에 환상을 보게 됩니다. 마게도냐 사람이 환상 중에 나타나 바울을 청합니다. "건너와서 도우라"(9b) 바울은 이 환상을 통해서 하나님의 뜻이 아시아 전도가 아니라 유럽 전도에 있음을 확신하게 됩니다.

 바울은 지체하지 않고 마게도냐에 가기로 결정하고 드로아를 떠납니다. 바울은 마게도냐 지방의 첫 성인 빌립보에 도착해서 자색 옷감 장사인 루디아라는 여자를 만나 복음을 전했고, 루디아의 가정 교회는 유럽 교회의 모태가 됩니다.

 바울은 자신의 꿈과 비전이 제대로 실현되지 않고 그 길이 막혀 있을 때, 하나님을 원망하거나 불평하지 않았습니다. 주님이 맡겨 주신 일들을 최선을 다해 감당하려고 노력했습니다. 또한 하나님께서 드로아의 환상을 통하여 새로운 비전을 허락하실 때 하나님의 뜻을 잘 알아차려서 즉각적으로 순종했습니다. 바울은 자신의 뜻과 생각을 버리고, 하나님의 뜻과 생각에 순종할 줄 아는 사람이었습니다.

여러분은 어떤 꿈과 비전을 가지고 계십니까? 그 꿈과 비전들이 잘 성취되고 있습니까? 아니면 드로아의 바울처럼 막혀 있습니까? 하나님께서는 여러분을 향하신 하나님의 뜻을 이루기 위해서 여러분의 길을 막기도 하시고, 멈춰 있게도 하시고, 돌아가게도 하시고, 빨리 혹은 늦게 가게도 하신다는 것을 알아야 합니다. 중요한 것은 어떤 길을 가던지 간에 여러분이 자신의 뜻 안에 있느냐? 아니면 하나님의 뜻 안에 있느냐? 하는 것입니다.

항상 하나님의 뜻 안에서 길을 가고, 때때로 길이 막히면 드로아의 바울처럼 주님이 주시는 환상과 비전을 통해서 새로운 길을 열어 가시기 바랍니다.

6 성령이 아시아에서 말씀을 전하지 못하게 하시거늘 그들이 브루기아와 갈라디아 땅으로 다녀가 7 무시아 앞에 이르러 비두니아로 가고자 애쓰되 예수의 영이 허락하지 아니하시는지라 8 무시아를 지나 드로아로 내려갔는데 9 밤에 환상이 바울에게 보이니 마게도냐 사람 하나가 서서 그에게 청하여 이르되 마게도냐로 건너와서 우리를 도우라 하거늘 10 바울이 그 환상을 보았을 때 우리가 곧 마게도냐로 떠나기를 힘쓰니 이는 하나님이 저 사람들에게 복음을 전하라고 우리를 부르신 줄로 인정함이러라

(행 16:6~10)

인생의 한밤중에

바울은 빌립보에서 복음을 전하다가 점치는 귀신 들린 여종 하나를 만났습니다. 이 여종은 바울과 실라를 따라다니며 소리 질렀습니다. "이 사람들은 지극히 높은 하나님의 종으로서 구원의 길을 너희에게 전하는 자라"(행 16:17) 그 여종이 매일같이 따라다니면서 이렇게 하자 괴로워 못견디게 된 바울은 예수 그리스도의 이름으로 귀신을 쫓아냈습니다. 귀신이 떠나 온전해진 여종이 점을 더 이상 칠 수 없게 되자, 돈벌이 길이 막힌 이 여종의 주인들은 바울과 실라를 붙잡아서 관리들에게 끌고 갔습니다. 그들은 바울과 실라가 성안에서 큰 소란을 일으키고, 잘못된 풍속을 전한다고 고발하였고, 관리들은 바울과 실라의 옷을 찢어 벗기고, 매질을 한 후에 감옥에 가두어 버렸습니다.

그러나 바울과 실라는 한밤중에 기도하고 하나님을 찬양하였습니다. 바울과 실라는 하나님을 원망하거나 불평하지 않았습니다. 자신들의 찢기고 상한 몸 때문에 심신이 지치고, 괴로웠지만 바울과 실라는 주님을 향한 사랑과 복음에 대한 열정을 잃어버리지 않았습니다.

자신들의 비참한 현실을 당당히 받아들였고, 오히려 그 속에서 더욱 더 강력한 하나님의 임재와 역사를 체험할 수 있었습니다.

인생을 살아가다 보면 바울과 실라처럼 인간적으로 견디기 힘들만큼 억울하고, 고통스럽고, 힘들 때가 있습니다. 여러분은 그때 어떤 기도와 찬송을 하나님께 드리십니까? 오늘 말씀은 우리가 인생의 한밤중에 삶의 고난과 고통으로 괴로워할 때, 하나님을 원망하거나 불평할 것이 아니라, 순종과 감사의 마음으로 하나님께 찬양하고 기도할 것을 가르쳐 줍니다.

인생의 한밤중에 찬양할 수 없고, 기도할 수 없을 때 하나님을 더욱 더 찬양하고 기도함으로 나아가시기를 바랍니다. 바울과 실라가 찬양과 기도로 하나님께 나아갔을 때 옥터가 움직이고, 인간의 매인 것이 벗겨지고, 풀어진 것처럼, 하나님을 향한 진심어린 기도와 찬양이 여러분의 매인 것을 벗기고, 풀어버릴 것입니다. 또한 우리가 당한 고난과 어려움은 감사와 찬양의 제목이 될 것입니다.

> 19 여종의 주인들은 자기 수익의 소망이 끊어진 것을 보고 바울과 실라를 붙잡아 장터로 관리들에게 끌어 갔다가 20 상관들 앞에 데리고 가서 말하되 이 사람들이 유대인인데 우리 성을 심히 요란하게 하여 21 로마 사람인 우리가 받지도 못하고 행하지도 못할 풍속을 전한다 하거늘 22무리가 일제히 일어나 고발하니 상관들이 옷을 찢어 벗기고 매로 치라 하여 23 많이 친 후에 옥에 가두고 간수에게 명하여 든든히 지키라 하니 24 그가 이러한 명령을 받아 그들을 깊은 옥에 가두고 그 발을 차꼬에 든든히 채웠더니 25 한밤중에 바울과 실라가 기도하고 하나님을 찬송하매 죄수들이 듣더라 26 이에 갑자기 큰 지진이 나서 옥터가 움직이고 문이 곧 다

열리며 모든 사람의 매인 것이 다 벗어진지라 27 간수가 자다가 깨어 옥문들이 열
린 것을 보고 죄수들이 도망한 줄 생각하고 칼을 빼어 자결하려 하거늘 28 바울이
크게 소리 질러 이르되 네 몸을 상하지 말라 우리가 다 여기 있노라 하니 29 간수
가 등불을 달라고 하며 뛰어 들어가 무서워 떨며 바울과 실라 앞에 엎드리고 30 그
들을 데리고 나가 이르되 선생들이여 내가 어떻게 하여야 구원을 받으리이까 하거
늘 31 이르되 주 예수를 믿으라 그리하면 너와 네 집이 구원을 받으리라 하고 32
주의 말씀을 그 사람과 그 집에 있는 모든 사람에게 전하더라 33 그 밤 그 시각에
간수가 그들을 데려다가 그 맞은 자리를 씻어 주고 자기와 그 온 가족이 다 세례를
받은 후 34 그들을 데리고 자기 집에 올라가서 음식을 차려 주고 그와 온 집안이
하나님을 믿으므로 크게 기뻐하니라

(행 16:19~34)

하나님 손에 잡힌 바울

사도 바울은 에베소에서 3년 동안 사람들에게 복음을 전하고 가르쳤습니다. 바울은 밤낮 쉬지 않고 눈물로 각 사람을 훈계하였습니다. 또한 유대인들의 음모로 여러 차례 시련을 겪으면서도 눈물을 머금고 온갖 굴욕을 참아가며 주님을 섬겼다고 고백합니다. 바울은 이제 예루살렘을 향해서 올라가라는 성령님의 지시를 받고 예루살렘에 가는 길에 밀레도란 곳에서 에베소 교회 장로들을 불러 고별 설교를 합니다.

3년 동안 자신의 모든 것을 쏟아 부었던 에베소, 정도 들었고 이제는 아름다운 선교의 꽃이 피기를 기대하던 때에 하나님께서는 그곳을 떠나 예루살렘으로 가라고 하십니다. 바울은 예루살렘에서 자신에게 무슨 일이 닥칠지 모른다고 말합니다. 성령님께서 어떤 성을 가든지 투옥과 고통이 따르게 된다는 사실만 알려 주셨습니다.

이제 바울이 가야 할 길은 지금껏 그래 왔지만 고난과 고통, 외로움과 두려움의 길입니다. 하지만 바울은 그 길을 가기를 주저하지 않습니다. 주님의 부르심을 받았고, 주님의 뒤를 따르는 길이기 때문에 바울은 믿음으로 순종합니다.

바울의 순종 뒤에는 놀라운 하나님의 섭리가 숨어 있었습니다. 하나님께서 바울을 예루살렘으로 오라고 하신 까닭은 예루살렘을 통해서 로마로 갈 수 있는 길을 열어 주기 위한 것이었습니다. 바울은 복음의 기쁜 소식을 예루살렘에서 로마로 가져갈 수 있게 된 것입니다. 예루살렘으로 가는 것이 겉보기에는 분명히 실패와 사망의 길처럼 보였지만 결국 그 길은 성공과 승리의 길이었던 것입니다.

여러분은 무엇에 사로잡혀 어디를 향하여 가고 있습니까?

바울은 성령에 사로잡혀 에베소를 떠나 예루살렘으로 가라고 말씀하고 있습니다. 하지만 우리는 세상 것에 사로잡혀 딴 길로 갈 때가 많습니다. 육신의 정욕, 안목의 정욕, 이생의 자랑에 사로잡혀서 주님의 길에서 멀리 떠나 있지는 않습니까? 하나님은 우리를 통해 이루고자 하시는 계획이 있습니다. 그 계획을 이루고자 우리에게 길을 알려 주시고 오라고 말씀하십니다. 우리가 할 일은 그 부르심에 순종하여 에베소를 떠나 예루살렘으로 가는 것입니다. 지금 보기에 그 길이 험난하고, 고통스럽고, 두렵고, 외로울지라도 그 길은 승리의 길입니다. 그 길은 나만을 위한 길이 아니라 이웃과 세상을 향한 길입니다. 그 길에서 우리는 능력의 사람으로 거듭날 것이고, 하나님은 우리에게 영원한 하늘의 상급을 내려 주실 것입니다.

17 바울이 밀레도에서 사람을 에베소로 보내어 교회 장로들을 청하니 18 오매 그
들에게 말하되 아시아에 들어온 첫날부터 지금까지 내가 항상 여러분 가운데서 어
떻게 행하였는지 여러분도 아는 바니 19 곧 모든 겸손과 눈물이며 유대인의 간계
로 말미암아 당한 시험을 참고 주를 섬긴 것과 20 유익한 것은 무엇이든지 공중 앞
에서나 각 집에서나 거리낌이 없이 여러분에게 전하여 가르치고 21 유대인과 헬라
인들에게 하나님께 대한 회개와 우리 주 예수 그리스도께 대한 믿음을 증언한 것이
라 22 보라 이제 나는 성령에 매여 예루살렘으로 가는데 거기서 무슨 일을 당할는
지 알지 못하노라 23 오직 성령이 각 성에서 내게 증언하여 결박과 환난이 나를 기
다린다 하시나 24 내가 달려갈 길과 주 예수께 받은 사명 곧 하나님의 은혜의 복음
을 증언하는 일을 마치려 함에는 나의 생명조차 조금도 귀한 것으로 여기지 아니하
노라

(행 20:17~24)

부득불 해야 할 일

바울은 기독교 역사상 가장 위대한 선교사이자 복음 전도자였습니다. 바울은 유럽과 아시아에 처음으로 복음을 전한 사람으로서 그의 복음에 대한 열정과 헌신이야말로 우리에게 훌륭한 모범이자 큰 도전이 됩니다. 하지만 바울은 "내가 복음을 전할지라도 자랑할 것이 없다"(16a)고 고백하고 있습니다. 왜냐하면 바울에게 있어서 복음 전도란 부득불 할 일이기 때문이었습니다. 더 나아가서 복음을 전하지 않으면 자신에게 화가 있을 것이라고 말씀하고 있습니다. 바울은 왜 이처럼 복음 전파를 부득불 할 일로 여겼을까요?

부득불 할 일이란 꼭 해야 될 일, 마땅히 해야 할 일, 하지 않으면 안 되는 일을 말합니다. 대학생들이 전공 필수 과목을 공부해야 졸업할 수 있는 것처럼, 그리스도인들에게 있어서 복음 전파, 즉 전도는 꼭 해야 할 필수 과목과도 같은 것입니다. 당연히 해야 될 일이니 자랑할 일도 아니라는 것이 바울의 생각이었습니다.

당시 유대인들이 이방인에게 복음을 전하는 것은 쉽지 않았습니다. 이방인 전도는 부정한 일로 여겨져서 금지되었습니다. 또한 복음을 전하는 것은 이단의 교리를 전하는 것으로 취급받는 시대였습니다. 하지만 바울은 자신을 복음에 빚진 자로 여겼습니다. 바울은 다메섹 도상에서 부활하신 예수 그리스도를 만나고 나서 예수를 핍박하는 자에서 추종하는 자로 변화되었습니다.

바울은 성령의 권능을 받고 나서 사도가 되었습니다. 바울은 주님께서 자신에게 베풀어 주신 은혜와 사랑이 너무나도 크다고 생각했습니다. 또한 이방인의 사도로서 복음을 전파하는 그의 사명은 그에게 너무나도 감사한 일이었습니다. 바울은 이방인 전도에 온갖 열정을 다 쏟았습니다. 오해와 핍박, 어려움과 고생은 이루 말 할 수 없었습니다. 죽음의 고비를 여러 번이나 넘겨야 했습니다. 하지만 포기하거나 중단할 수 없었습니다. 사랑의 빚진 자, 복음의 빚진 자로서 그러한 문제들을 극복하는 것은 바울에게는 당연한 일이었습니다.

복음 전하는 일, 전도하는 일은 바울처럼 특별한 사람들이 하는 것이라고 여기는 분들이 많이 있습니다. 하지만 전도는 특별한 사람이 하는 일이 아니라 그리스도인이라면 누구나 해야 하는 일이란 것을 깨달아야 합니다. 전도는 예수님의 마지막 지상 명령이었습니다. 또한 우리 모두는 바울의 고백처럼 복음에 빚진 자들입니다. 이 사실을 명심하여 전도하는 일에 힘써야 할 것입니다.

우리에게 주어진 여건과 상황 안에서 최선을 다해 전도자의 삶을 살아간다면 우리를 통해서 뿌려진 전도의 씨앗이 자라 많은 열매를 맺게 될 것입니다. 그리고 먼 훗날 하늘나라에서 그 열매들로 말미암아 많은 상급과 더불어 아름다운 면류관이 우리에게 주어지게 될 것입니다.

16 내가 복음을 전할지라도 자랑할 것이 없음은 내가 부득불 할 일이라 만일 복음을 전하지 아니하면 내게 화가 있을 것이로다 17 내가 내 자의로 이것을 행하면 상을 얻으려니와 자의로 아니한다 할지라도 나는 사명을 맡았노라 18 그런즉 내 상이 무엇이냐 내가 복음을 전할 때에 값없이 전하고 복음으로 말미암아 내게 있는 권리를 다 쓰지 아니하는 이것이로다 19 내가 모든 사람에게서 자유로우나 스스로 모든 사람에게 종이 된 것은 더 많은 사람을 얻고자 함이라 20 유대인들에게 내가 유대인과 같이 된 것은 유대인들을 얻고자 함이요 율법 아래에 있는 자들에게는 내가 율법 아래에 있지 아니하나 율법 아래 있는 자 같이 된 것은 율법 아래에 있는 자들을 얻고자 함이요 21 율법 없는 자에게는 내가 하나님께는 율법 없는 자가 아니요 도리어 그리스도의 율법 아래에 있는 자나 율법 없는 자와 같이 된 것은 율법 없는 자들을 얻고자 함이라 22 약한 자들에게 내가 약한 자와 같이 된 것은 약한 자들을 얻고자 함이요 내가 여러 사람에게 여러 모습이 된 것은 아무쪼록 몇 사람이라도 구원하고자 함이니 23 내가 복음을 위하여 모든 것을 행함은 복음에 참여하고자 함이라 24 운동장에서 달음질하는 자들이 다 달릴지라도 오직 상을 받는 사람은 한 사람인 줄을 너희가 알지 못하느냐 너희도 상을 받도록 이와 같이 달음질하라

(고전 9:16~24)